Und wenn ich mein Leben noch einmal zu leben hätte,
so würde ich es mir zur Regel machen,
wenigstens alle Wochen einmal etwas Poetisches zu
lesen und etwas Musik anzuhören;
denn vielleicht würden dann die jetzt geschwundenen
Teile meines Gehirns durch Gebrauch tätig erhalten
worden sein.

(Charles Darwin)

IMPRESSUM

Cover: Marianne Prutsch
Cover-Foto: © Daniel Ernst - Fotolia
Grafische Gestaltung: Moritz Scharf
Texte: Dr. Katharina Turecek, MSc.
Lektorat: Mag. Alexander Sprung
Illustrationen: Dr. Katharina Turecek, MSc., Moritz Scharf
Fotos: © Kevin Peterson – PhotoDisc
Druck und Bindung: Druckerei Theiss GmbH, A-9431 St. Stefan

© Hubert Krenn VerlagsgesmbH 2012, Printed in EU 2012
ISBN 978-3-99005-148-1

Dr. Katharina Turecek, MSc.

Geistig fit –
ein Leben lang

Anti-Aging für das Gehirn

DANKSAGUNG

Ich möchte ganz herzlich Danke sagen:

Mag. Gabriela Freimuth für weise Ratschläge und Ergänzungen.

Mag. Egon Turecek für Unterstützung bei der Übersetzung von Originalzitaten und Testbögen.

Dipl.-Sporting. Dr. Mario Heller, Sportwissenschaftler an der Universität Wien für Experten-tipps zum Thema Bewegung.

Mag. Heide-Marie Smolka, Autorin des Glücks-Trainings-Buchs für das Glückstrainings-programm.

Elisabeth Heller, Psychotherapeutin und Burnout-Spezialistin für die Bearbeitung des Themas Stress im Gehirn.

Brigitte Haiden, Ernährungswissenschaftlerin, für Antworten auf meine Fragen zum Thema Brainfood.

Dr. John C. Morris und Andrea Denny vom Knight Alzheimer's Disease Research Center der Universität Washington für die Erlaubnis, den AD8 Fragebogen zu übersetzen.

Timothy Salthouse, Leiter des Cognitive Aging Laboratory der Universität Virginia, für die Genehmigung der Verwendung seiner Abbildung über Gedächtnisleistungen im Laufe des Lebens.

Dolores Campanario von der WHO für die Bereitstellung von Material der WHO über gesundes Altern.

Susan Søndergaard für die Übersetzung des WHO-5 Fragebogens.

Cindy Lustig, Psychologin an der Universität Michigan, für eine Abbildung zum Thema Flexibilität im alternden Gehirn.

Ronald Sladky, PhD von der Functional MRI Group der Meduni Wien für seine Unterstüt-zung bei meinen Recherchen.

Mag. Birgit Peterson für das Finden interessanter Publikationen.

Mag. Angela Mörixbauer, Leiterin von eatconsult, für Ratschläge zu ernährungswissen-schaftlichen Themen.

Mag. Alexander Sprung für das aufmerksame Lektorat und bereichernde Gedanken.

Moritz Scharf für die ansprechende Grafik.

Hubert Krenn, meinem Verleger, für die Motivation, mich mit diesem spannenden Thema auseinanderzusetzen.

Daniel, für den ruhigen Platz zum Schreiben und Nachdenken.

Vincent und Daphne für jeden gemeinsamen Augenblick.

WICHTIGER HINWEIS

Dieses Buch wurde mit größter Sorgfalt erstellt. Informationen und Ratschläge wurden umfassend recherchiert und dienen der allgemeinen Weiterbildung.

Die Autorin erhebt keinen Anspruch auf Vollständigkeit und haftet nicht für die Aktualität, Richtigkeit und Ausgewogenheit der dargebotenen Information.

Dieses Buch kann keinesfalls die fachliche Beratung durch Ihre Ärzte ersetzen.

Nützen Sie dieses Buch nicht zur Selbstdiagnose und/oder -behandlung.

Suchen Sie bei Beschwerden auf jeden Fall ärztlichen Rat und nehmen Sie Medikamente nicht ohne Absprache mit Ihrer Ärztin / Ihrem Arzt ein.

Hilfreiche Adressen finden Sie ab Seite 96.

INHALT

TEIL 2: ANTI-AGING STRATEGIEN FÜR IHR GEHIRN 136

3. Seelisches Wohlbefinden 212

Alle 99 Ratschläge aus diesem Buch auf einen Blick 234

Literaturverzeichnis 240

ÜBER DIESES BUCH ...

Dieses Buch besteht aus zwei Teilen.

Teil 1:

Im ersten Teil begeben wir uns auf eine Reise in die Welt des menschlichen Gehirns. Sie erfahren, wie es sich entwickelt, reift und altert und finden Antworten auf Fragen zu den Themen Altersvergesslichkeit und Demenz. Finden Sie heraus, auf welche Warnzeichen Sie achten können. Kurze Tests und Checklisten helfen Ihnen dabei, Ihr persönliches Risiko objektiv einzuschätzen.

Teil 2:

Der zweite Teil dieses Buches ist Ihrer geistigen Fitness gewidmet. Drei Trainingsprogramme sichern Ihr geistiges, körperliches und seelisches Wohlbefinden.

99 Anti-Aging Strategien

In diesem Buch findet sich eine Sammlung von 99 Ratschlägen, die Sie dabei unterstützen, Ihr Gehirn fit und leistungsstark zu halten. Sie erkennen Sie an diesem Symbol: §. Eine Zusammenfassung aller 99 Ratschläge finden Sie auf Seite 234.

Fragen und Antworten

Überlegen Sie sich am Anfang jedes Kapitels, worauf Sie eine Antwort suchen. Ergänzen Sie die Fragestellungen in den Einleitungen mit Ihren persönlichen Fragen.

Am Ende jedes Kapitels werden die wichtigsten Aussagen zusammengefasst.

Beginnen Sie mit der Zusammenfassung, wenn Sie einen schnellen Einblick in ein Kapitel möchten. Lesen Sie sie auch, nachdem Sie ein Kapitel ausführlich gelesen haben und rufen Sie sich so die Inhalte erneut in Erinnerung.

GEISTIGE FITNESS IM DOPPELPACK

Als praktische Ergänzung zu diesem Buch gibt es ein Übungsbuch mit zahlreichen Übungen für Ihr regelmäßiges Gehirnjogging.

Das erwartet Sie im Übungsbuch:
Die Anregungen sind in neun Themenbereiche eingeteilt:

I.   **Konzentration:** Schärfen Sie Ihre Sinne und steigern Sie Ihre Konzentrationsfähigkeit, damit Ihnen nichts entgeht.

II.   **Arbeitsgedächtnis:** Von einem Training des Arbeitsgedächtnisses profitieren Denkleistung und Problemlösefähigkeit.

III.   **Gedächtnistraining:** Einfache Methoden und Tipps helfen dabei, in Zukunft nichts mehr zu vergessen.

IV.   **Langzeitgedächtnis:** Unsere Erinnerungen an früher sind ein Schatz. Die Anregungen in diesem Kapitel helfen Ihnen dabei, ihn zu bergen.

V.   **Namensgedächtnis:** Gerade das Namensgedächtnis macht vielen von uns Schwierigkeiten. Das muss nicht so sein. Trainieren Sie Ihr Namensgedächtnis mit den Übungen in diesem Kapitel.

VI.   **Wortfindung:** Wortfindungsschwierigkeiten werden häufiger, je älter wir werden. Doch das Finden von gesuchten Begriffen lässt sich trainieren. Erfahren Sie, wie.

VII.   **Orientierung:** In diesem Kapitel steigern Sie Ihr Raumgefühl und üben Ihren Orientierungssinn.

VIII.   **Koordination und Bewegung:** Körperliche Fitness ist auch für unser Gehirn von größter Wichtigkeit. Die Bewegungsübungen in diesem Kapitel regen auch den Geist an.

IX.   **Kreativität:** Lassen Sie sich zu kreativen Tätigkeiten inspirieren und aktivieren Sie so Ihr Gehirn.

Ich wünsche Ihnen Viel Erfolg und Alles Gute!

Katharina Turecek

www.a-head.at

Hinweis: Jedes Mal, wenn eine Übung aus dem Übungsbuch empfohlen wird, ist links oder rechts am Rand das Zeichen „ÜB!" zu sehen ->

TEIL 1: GEISTIG FIT, EIN LEBEN LANG

(K)eine Frage des Alters?

Wenn wir es gut behandeln, ist unser Gehirn beständig. Jedenfalls beständiger als beispielsweise unsere Haut, unsere Gelenke oder unsere Nieren. Geistige Funktionen können bis ins hohe Alter erhalten bleiben.

Erfolgreich Altern bedeutet nicht, wieder jünger zu werden, „jünger auszusehen" oder „jünger zu wirken". Erfolgreich Altern bedeutet, sich weiterzuentwickeln. Wir wollen uns als 60-jährige nicht wie 30 fühlen. Wir wollen uns als 60-jährige rundum wohl fühlen – in unserer Haut und mit unserem Gehirn.

Der Handel mit der Angst

Die Alzheimer-Demenz liegt auf Platz zwei der gefürchtetsten Krankheiten, direkt nach Krebs (MetLife Foundation, 2011). Kein Wunder, dass Pharmaindustrie und Softwarekonzerne auf diesen Markt setzen. Nahrungsergänzungsmittel und Computerspiele bieten Abhilfe gegen das Vergessen – und halten nicht immer, was sie versprechen.

Rezept für Ihr gesundes Gehirn

Auch wenn Alzheimer im Alter häufiger auftritt, ist er nicht ein Teil des normalen Alterungsprozesses. Alzheimer ist eine Krankheit und wie bei allen Krankheiten gibt es Risikofaktoren, die sich verhindern lassen. Die Hälfte aller Demenz-Fälle ist vermeidbar, ergab eine Hochrechnung von Deborah Barnes und Kristine Yaffee von der Universität Kalifornien in San Francisco (Deborah E. Barnes & Yaffe, 2011).

Wer geistig aktiv bleibt, körperlich fit ist und sich wohl fühlt, kann ein Leben lang geistige Höchstleistungen erbringen (Albert & Knoefel, 2011).

Die beiden Experten für gesundes Altern, Nikolaos Scarmeas und Yaakov Stern von der Columbia Univer- sität in New York betonen, dass die Zu- kunft der Demenzprävention in einem

> Die Hälfte aller Demenz-Fälle ist verhinderbar.

aktiven Lebensstil liegt: „Es gibt epidemiologische Hinweise dafür, dass ein Lebensstil der durch intellektuelle und soziale Freizeitaktivitäten gekennzeichnet ist, den geistigen Verfall im Alter vermindert und das Risiko von Demenz reduziert" (Scarmeas & Stern, 2003).

Lesen Sie weiter und finden Sie heraus, welche Risikofaktoren Sie vermeiden können.

I DIE WAHRHEIT ÜBER DAS ALTERNDE GEHIRN

Die Entdeckung der Langsamkeit 48

▶ *Zahlt sich Bedachtsamkeit aus?*

▶ *Wer kann Multitasken?*

Alt macht glücklich 53

▶ *Wer ist zufriedener? Alt oder Jung?*

▶ *Nehmen Ängste, Sorgen und Stress im Laufe des Lebens ab?*

Hier ist Platz für Ihre persönlichen Fragen und Anmerkungen:

VERGESSEN?
VERGESSEN SIE ES!

Was heißt hier „alt"?

„Was Vergessen bedeutet, kann ich nur wissen,
wenn ich mich an etwas erinnere, mag es noch so vage sein."
(Augustinus)

Obwohl wir immer älter werden, fürchten wir uns vor dem Alter. Die Achtung vor dem Alter und die Wertschätzung der Lebenserfahrung sind uns in der heutigen Zeit abhanden gekommen. Wir wollen zwar alle möglichst alt werden, aber nicht alt sein.

> Wer mit abwertenden Aussagen über das Alter konfrontiert wurde, war vergesslicher.

§ 1: Weisheit statt Senilität: Achten Sie auf Ihre Sprache

Welche Begriffe verbinden Sie mit dem Alter? Machen Sie ein kurzes Brainstorming und schreiben Sie so viele Eigenschaften wie möglich auf. Finden Sie auch Namen oder Bezeichnungen für alte Leute.

alt

Opa

erfahren

gebrechlich

Heben Sie diejenigen Ausdrücke, die Sie als neutral oder positiv empfinden hervor, indem Sie sie unterstreichen oder einkreisen.

Um geistig fit zu bleiben, müssen wir bei unserer Einstellung beginnen. Wer älteren Menschen nichts zutraut, wird im Alter auch das Vertrauen in sich selbst verlieren. Tatsächlich hat ein Forschungsteam in den U.S.A. Versuchspersonen vor unterschiedliche Gedächtnisaufgaben gestellt. Ein Teil der StudienteilnehmerInnen bekam vor den Aufgaben negative Aussagen über das Alter präsentiert. Das Ergebnis war eindeutig: Die kritischen Aussagen beeinflussten die Gedächtnisleistungen älterer Versuchspersonen. Wer mit abwertenden Aussagen über das Alter konfrontiert wurde, war vergesslicher (Hess, Auman, Colcombe, & Rahhal, 2003).

Wie vergesslich sind wir wirklich?

§ 2: Seien Sie nicht zu streng mit Ihrem Gedächtnis

An all die Male, wo wir etwas vergessen haben, erinnern wir uns nur allzu gut. Dabei ignorieren wir gerne all die Situationen, in denen wir uns an ein Detail aus unserer Vergangenheit erfolgreich erinnert haben.

- *Vergessen oder just erinnert? Wenn uns im letzten Moment etwas einfällt, denken wir uns häufig „Ups, das habe ich vergessen!". Stimmt nicht! Wir haben ja soeben daran gedacht. Freuen Sie sich in solchen Situationen über Ihr gutes Gedächtnis: „Fantastisch, dass ich daran denke!"*

- *Wir alle vergessen auch einmal etwas. Nehmen Sie Ihr Vergessen mit Humor und denken Sie sich: „Na und?"*

- *„Aha, das war es", ist auch eine Erinnerung! Selbst wenn Sie vielleicht nicht im richtigen Moment daran gedacht haben, der Gedanke selber ist Ihnen nicht für immer entfallen.*

§ 3: Erinnern statt vergessen: Achten Sie auf Ihre Gedanken

Sie kennen auch die Situation, dass uns etwas einfällt, woran wir in der Zukunft denken wollen. Beispielsweise besuchen wir eine gute Freundin und möchten daran denken, ihr ein Buch zurückzugeben. „Das darf ich nicht vergessen", denken wir uns dann häufig. Streichen Sie diesen Gedanken aus Ihrem Kopf und denken Sie stattdessen „Dann werde ich daran denken: ...", und stellen Sie sich den konkreten Zeitpunkt vor, an dem Sie daran denken wollen.

Doch wie steht es wirklich um das alternde Gehirn? Lesen Sie weiter, um herauszufinden, welche Stärken und Schwächen ein älteres Gehirn mit sich bringt.

WAS UNS ERWARTET: UNSER GEHIRN IM LAUFE DES LEBENS

Gehirnentwicklung: Ein guter Beginn ist die halbe Arbeit

Um herauszufinden, welche typischen Phasen an Strukturveränderungen unser Gehirn durchläuft, werfen wir zunächst einen Blick auf seine Entwicklung:

Blühen: Ein dichtes Grundnetz wird gebildet

Die erste Phase der Gehirnentwicklung ist durch munteres Sprießen von Nervenzellen und Nervenfasern gekennzeichnet (siehe Abbildung 1). Etwa bis ins zweite Lebensjahr werden spontan sehr, sehr viele Verbindungen (Synapsen) geknüpft. Ein dichtes Netz entsteht. Dank diesem dichten und vielfältigen Netz sind kleine Kinder in der Lage, sich an die unterschiedlichsten Umgebungen anzupassen.

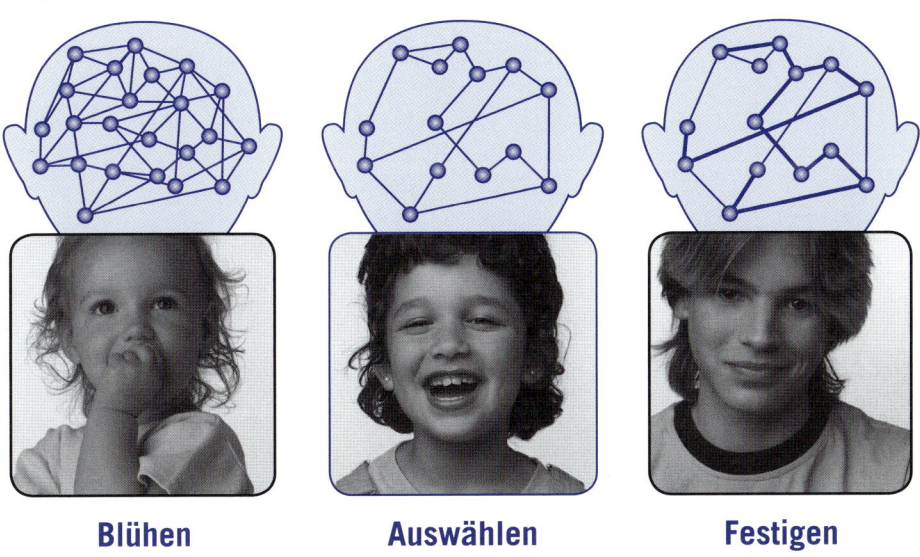

Blühen   **Auswählen**   **Festigen**

Abbildung 1: Gehirnentwicklung

Auswählen: unnötige Verbindungen werden abgebaut

Anschließend findet eine Auswahl statt, welche Nervenzellverbindungen tatsächlich notwendig und sinnvoll sind. Wenn zwei Nervenzellen gleichzeitig aktiv sind, dann festigen Sie Ihre Verbindung. Nervenzellen, die nie gleichzeitig aktiviert werden, bauen Ihre Verbindung wieder ab. Dieses Wechselspiel zwischen Auswählen und Verstärkung sorgt ein Leben lang für Flexibilität in unserem Gehirn und ermöglicht Lernprozesse. Über den Auswahlmechanismus werden im Laufe der Zeit mehr als die Hälfte aller ursprünglichen Nervenzellen abgebaut, um Raum für wichtige Verbindungen zu schaffen: „What fires together, wires together", hat Donald O. Hebb als Lernregel formuliert: Nervenzellen, die gleichzeitig „feuern", also aktiv sind, stärken ihre Verbindung (Hebb, 2002).

Festigen: schnelle Kommunikation wird ermöglicht

Die Nervenfasern werden im Zuge von Reifungsprozessen mit einer isolierenden Fettschicht umgeben. Diese sogenannte Myelinisierung ermöglicht eine bis zu hundertfach schnellere Weiterleitung der Signale. Diese Fettschicht besteht übrigens aus Omega-3-Fettsäuren. Das erklärt, warum diese Fette so wichtig für unser Gehirn sind (mehr über Ernährung und das Gehirn ab S. 184).

Lernen verändert das Gehirn

Das Nervennetz in Ihrem Gehirn ist nicht stabil, es ändert sich ständig. Jede Erfahrung, die Sie machen, führt dazu, dass Verbindungen gefestigt werden. Andere Verbindungen werden gleichzeitig abgebaut, wenn zu wenig Aktivität herrscht. So lernt und verändert sich unser Gehirn ein Leben lang. Nervennetze werden gebildet und abgebaut, genau wie neue Erinnerungen geformt und alte vergessen werden.

Lebenslanges Lernen?

„Kinder lernen rasch, behalten aber wenig;
die Alten erinnern sich an die Vergangenheit, vergessen aber die Gegenwart."
(Diderot)

Fällt uns im Alter das Lernen schwerer? Erinnern Sie sich zurück an Abbildung 1: Das kleine Kind verfügt über ein dichtes Netz vielfältiger Assoziationen, zwischen denen Verknüpfungen möglich sind. Wir werden älter, wir lernen dazu und Verknüpfungen, die weniger hilfreich sind, werden aussortiert.

Unser Gehirn ist dafür konzipiert, in jungen Jahren möglichst viel aufzunehmen. Sobald wir einen Grundstock aus Wissen und Erfahrung aufgebaut haben, ist es ebenso wichtig, diesen im Gedächtnis zu erhalten. Das Assoziationsnetz stabilisiert sich.

Ein Beispiel aus dem Spracherwerb

> Es ist uns in jedem Alter möglich, neue Verbindungen zu schaffen und neue Informationen zu erlernen.

Ein kleines Kind ist noch in der Lage, vielfältige Laute auseinanderzuhalten. Selbst Klänge, die nur in fremden Sprachen Verwendung finden, erkennt das junge Gehirn dank seines vielfältigen und dichten Nervennetzes. Wenn wir älter werden, spezialisieren sich unsere Nervenzellen auf Laute unserer Muttersprache. Wir werden geschickter darin, Laute unserer Muttersprache zu erkennen, zuzuordnen und schließlich selber zu produzieren. Dieser Prozess geht aber auf Kosten der ursprünglichen Vielfalt. Laute, die ein kleines Kind noch mühelos erlernen kann, erwirbt ein erwachsener Lerner um einiges schwieriger.

Was Hänschen nicht lernt...

Stimmt die alte Redewendung doch? Nicht unbedingt. Die moderne Gehirnforschung hat festgestellt, dass das Gehirn ein Leben lang flexibel bleibt, ja sogar neue Nervenzellen bilden kann.

> Wer ein Leben lang lernt, bleibt ein Leben lang lernfähig.

Es ist uns in jedem Alter möglich, neue Verbindungen zu schaffen und neue Informationen abzuspeichern. Wir lernen vielleicht etwas langsamer, aber wir lernen nie aus. Vergessen Sie nicht, wie viel Zeit Sie als Kind ins Lernen investiert haben.

Kinder verbringen den ganzen Tag in der Schule, nachmittags schreiben Sie Hausübungen und selbst am Wochenende wird oft gelernt. Wir besuchen als ältere Lernende einmal in der Woche einen Kurs und wundern uns, wenn der Lernprozess nicht schnell voran geht.

So können Wissenschaftler zeigen, dass Erwachsene die korrekte Aussprache einer Fremdsprache lernen können. In einer Studie erlernten erwachsene JapanerInnen den Unterschied zwischen den Lauten L und R. Obwohl es älteren Personen üblicherweise schwer fällt, die korrekte Aussprache einer Sprache zu erlernen, war es den JapanerInnen in der Studie möglich, durch intensive Übung die Unterschiede zu erlernen (Sinnott, Gonzales, Masood, & Ishihara, 2007).

Trauen wir unserem Gehirn im Verlauf des Älterwerdens zu, neue Inhalte zu speichern, also Neues zu lernen! Solche Impulse trainieren die Nervenstrukturen, tragen zu ihrem Erhalt bei und wirken ihrem Abbau entgegen!

Das Gehirn, das Sie jetzt haben, haben Sie durch Ihre Erfahrungen, Gedanken und Lebensweise selbst geformt. Wie Sie Ihr Leben gestalten, beeinflusst, welche Nervenverbindungen Sie haben. Wer ein Leben lang lernt, bleibt ein Leben lang lernfähig.

Aktivität hält das Gehirn fit

Sie haben erfahren, dass die Gehirnentwicklung aktivitätsabhängig ist (siehe S. 23). Verbindungen, die nicht genützt werden, werden abgebaut, während aktive Verbindungen zusätzlich verstärkt werden.

Was wird passieren, wenn zwei Nervenzellen, die ursprünglich eine gute Verbindung aufgebaut haben, eine Zeit lang nicht mehr aktiv sind und ihre Verbindung entsprechend nicht mehr nützen?

Richtig, diese Verbindung wird wieder abgebaut werden.
Genau das passiert in unserem Gehirn.

§ 4:   Use it or lose it

Für unser Gehirn gilt der Spruch „Use it, or lose it" – „Verwende es, oder es geht verloren!".

Unser Gehirn braucht regelmäßige Anreize. Wer nach einer Operation oder durch einen Unfall längere Zeit bettlägerig ist, verliert an Muskelmasse, und zwar rasant. Möglicherweise wissen Sie aus eigener Erfahrung, wie schnell unsere Muskeln abbauen, wenn wir sie nicht benützen. Genauso ergeht es unseren Nervenzellen, wenn sie nicht angeregt werden.

Im zweiten Teil dieses Buches finden Sie zahlreiche Anregungen, wie Sie sich geistig fit halten können (siehe S. 136f.).

Eine Frage der Verdrahtung

Unser Gehirn altert, genau wie der Rest unseres Körpers. Unser Gehirn ist am Ende der Jugendphase am größten und schrumpft dann im Laufe des Lebens um etwa 15%.

Doch Alterungsprozesse laufen auch in unserem Gehirn nicht bei allen Menschen gleich und nicht gleich schnell ab. Die Gehirnforschung zeigt, dass gesunde Gehirne im Alter nicht so dramatisch an Leistungsfähigkeit verlieren, wie wir oft befürchten.

In unserem Gehirn werden zwei Bereiche unterschieden:

- *Die* **graue Substanz** *besteht in erster Linie aus Nervenzellkörpern und bildet den Rand unseres Gehirns. Nervenzellkörper sammeln sich in unserer Gehirnrinde und in wichtigen Gehirnkernen.*

- *Als* **weiße Substanz** *werden die fettummantelten Nervenfasern bezeichnet, die die Zellkörper miteinander verbinden.*

In der Phase des Blühens (siehe S. 23) wird ein Überschuss an Nervenzellen angelegt. Durch Reifungs- und Lernprozesse werden nicht genützte Zellen abgebaut. So nimmt die Menge an Nervenzellen und damit die Menge der grauen Substanz im Laufe des Lebens gleichmäßig ab.

Anders verhält es sich mit der weißen Substanz. Während sie über lange Jahre relativ konstant bleibt, zeigt sich erst im fortgeschrittenen Alter eine Abnahme der mit Fett isolierten Nervenfasern. GehirnforscherInnen gehen davon aus, dass es vor allem der Verlust der weißen Substanz ist, der für eine Abnahme der geistigen Leistungsfähigkeit im Alter zuständig ist (Andrews-Hanna u. a., 2007). Durch eine verringerte Myelinschicht (siehe S. 24) wird die Kommunikation zwischen Nervenzellen langsamer. Das ältere Gehirn ist sozusagen schlechter verdrahtet, die Schnelligkeit nimmt ab. Im Rahmen der *Maastricht Altersstudie* in den Niederlanden konnte gezeigt werden, dass Personen, die unter Vergesslichkeit leiden, über weniger weiße Substanz verfügen (Jolles, 1995).

Ein gesundes altes Gehirn ist flexibel

Die enorme Flexibilität unseres Gehirns ermöglicht es uns, Alterungsprozessen entgegenzuwirken. Wenn uns eine Aufgabe zu überfordern droht, springen zusätzliche Nervenzellen ein und verstärken so unsere Leistungsfähigkeit. Eine solche Kompensation ermöglicht es uns, bis ins hohe Alter geistig fit zu bleiben.

Die erstaunliche Formbarkeit unseres Gehirns wird deutlich, wenn durch einen Schlaganfall weite Areale von der Sauerstoffversorgung abgeschnitten sind und dadurch absterben. Nervenzellen, die einmal verloren sind, können nicht repariert werden. Trotzdem ist es nach einem Schlaganfall möglich, eingebüßte Fähigkeiten zurückzuerlangen. Wie schafft das das Gehirn? Wenn wir nach einem Schlaganfall Fertigkeiten neu erlernen, beispielsweise wieder sprechen lernen oder ein Gliedmaß wieder bewegen können, dann sind es nie die verletzten Gehirnzellen, die wieder an Leistungsfähigkeit gewinnen, sondern es sind immer andere Nervenzellen, die für die verlorenen Zellen einspringen. Unser Gehirn aktiviert zusätzliche Ressourcen, um das Problem zu beheben.

Wenn durch Alterungsprozesse Nervenzellen geschwächt werden, sind es ebenfalls andere Nervenzellgruppen, die für sie einspringen. In Studien, die bildgebende Verfahren nützen, sieht man, dass die Gehirne mancher älterer Personen zusätzliche Nervenzellen rekrutieren um verschiedene Aufgaben zu lösen. Häufig sind das Nervenzellen aus der gegenüberliegenden Gehirnhälfte (Cabeza, Anderson, Locantore, & McIntosh, 2002; Reuter-Lorenz & Lustig, 2005).

Wenn man die Ergebnisse älterer Versuchspersonen bei Denk- und Gedächtnisaufgaben mit denen jüngerer Personen vergleicht, fällt auf, dass manche Senioren schlechtere Ergebnisse erzielen, während andere scheinbar problemlos mit den jungen Versuchspersonen mithalten können. Wissenschaftler haben mithilfe bildgebender Verfahren Aufnahmen der Gehirne der Versuchspersonen gemacht, während sie unterschiedliche Aufgaben absolvierten. Dabei zeigte sich ein eindeutiges Bild. Ältere Versuchspersonen, die bei den Aufgaben schlechter abschnitten, nützten genau die gleichen Areale wie ihre jungen KollegInnen (siehe Abbildung 2). Erfolgreiche ältere

Versuchspersonen hingegen, die bei den Aufgaben genauso gute Ergebnisse erzielten wie die jungen TeilnehmerInnen, aktivierten zusätzliche Areale (siehe Abbildung 3).

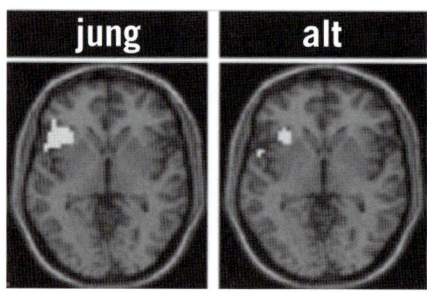

Abbildung 2: ältere VersuchsteilnehmerInnen, die die Aufgaben schlechter lösten, aktivierten dieselben Gehirnareale wie jüngere Versuchspersonen.

Wiedergabe mit freundlicher Genehmigung von „Elsevier" (Abbildung aus Reuter-Lorenz & Lustig, 2005, S. 248)

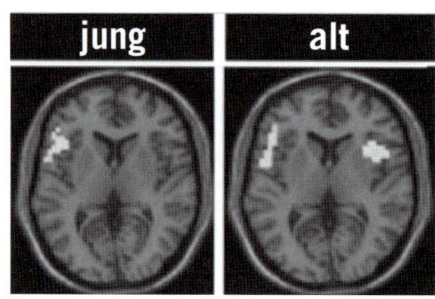

Abbildung 3: ältere Versuchspersonen, die die Aufgaben gut lösen konnten, aktivierten zusätzliche Gehirnareale.

Wiedergabe mit freundlicher Genehmigung von „Elsevier" (Abbildung aus Reuter-Lorenz & Lustig, 2005, S. 248)

Ein gesundes altes Gehirn ist flexibel! Geistig fit zu sein bedeutet, dass genau diese Flexibilität bewahrt wurde. Der praktische Teil dieses Buches (ab S. 136f.) soll dabei helfen, diese Flexibilität zu bewahren.

ZUNGENSPITZENGEFÜHL UND ANDERE GEDÄCHTNIS-PHÄNOMENE

Unglaublich, wie die Zeit vergeht

„Da die Zeit immer dann zu rasen scheint, wenn uns etwas Spaß macht, sollten wir uns das Leben so langweilig wie möglich gestalten. Dann würde es nicht so schnell vergehen."

(Pilot Dunbar in J. Heller, 2011)

Schon wieder ein Jahr vorbei? Haben Sie auch das Gefühl, dass die Zeit immer schneller verfliegt, je älter Sie werden? Der niederländische Psychologe Douwe Draaisma hat sogar ein Buch mit dem Titel „Warum das Leben schneller vergeht, wenn wir älter werden" verfasst (Draaisma, 2009). Doch eine eindeutige Erklärung, warum die Zeit zu rasen beginnt, gibt es nicht. Während es der Naturwissenschaft schwer fällt, die biologische Grundlage für dieses subjektive Empfinden zu identifizieren, versuchen Philosophen und Psychologen das Phänomen in Worte zu fassen. Draaisma vergleicht die Zeit mit dem Sand in einer Sanduhr: Je älter die Sanduhr, desto schneller läuft der Sand, da die Sandkörner mit der Zeit klein und glatt geschliffen werden.

Bereits im 19. Jahrhundert machte sich der französische Philosoph Paul Janet Gedanken über das Phänomen der rasenden Zeit. Er rechnete vor, dass ein zehnjähriges Kind ein Jahr als ein Zehntel seines Lebens empfindet, während es für einen Fünfzigjährigen nur ein Fünfzigstel der gesamten Lebenszeit darstellt. Darum fühlt sich ein Jahr für ein Kind viel länger an (Draaisma, 2009).

Susan Crawley und Linda Pring kamen auf die Idee, das Zeitgefühl von Versuchspersonen mit Hilfe historischer Ereignisse zu überprüfen. Die StudienteilnehmerInnen sollten schätzen, wann bestimmte Begebenheiten stattgefunden haben. Gewählt wurden bedeutende Ereignisse wie der Fall der Berliner Mauer oder der Tod John Lennons. VersuchsteilnehmerInnen machten typische Fehler. Während jüngere eher dachten, dass die Ereignisse noch nicht so lange zurück liegen, glaubten 70-jährige, dass die Vorkommnisse viel weiter zurück in der Vergangenheit lagen (Crawley & Pring, 2000). Es scheint, dass wir, wenn wir älter werden, das Gefühl bekommen, Ereignisse in unserer Erinnerungen lägen weiter zurück. Dieser Irrtum kann bewirken, dass die Zeit gefühlsmäßig schneller vergeht.

§ 5: Suchen Sie Ankermomente für Ihre Erinnerung

Wer tagein, tagaus in einem sich kaum ändernden Alltag lebt, verliert schnell sein Zeitgefühl. Schaffen Sie Ankermomente für Ihre Erinnerung. Außergewöhnliche Erlebnisse wie ein Ausflug oder eine Feier helfen uns, unsere Lebenszeit in Gedanken zu strukturieren. Gestalten Sie so mental in Gedanken einen Zeitstreifen und orientieren Sie sich an Fixpunkten, wenn Sie ein Ereignis zuordnen wollen: Das war als wir noch in unserem ersten Haus gewohnt haben. Das war nach der Geburt meines Enkelkinds, etc.

§ 6: Werfen Sie einen abendlichen Rückblick auf den Tag

Die Übung „best of today" aus dem **1-MIN-Gehirntrainer** hilft Ihnen dabei, Ihrem Erleben die Schnelligkeit zu nehmen (Turecek, 2009a).

Nehmen Sie sich jeden Abend einen Moment Zeit, um sich an einen besonders schönen Moment des Tages zurückzuerinnern. Rufen Sie sich diesen Augenblick so genau wie möglich in Erinnerung. Wiederholen Sie diese Übung täglich, nach kurzer Zeit werden Sie merken, dass Sie am Ende der Woche viel mehr positive Erinnerungen mitnehmen und die Zeit ein wenig langsamer läuft.

> Nehmen Sie sich jeden Abend einen Moment Zeit, um sich an einen besonders schönen Moment des Tages zurückzuerinnern.

Die gute alte Zeit

Oma erzählt ständig von ihrer Jugend? Kein Wunder, an diese Zeit hat sie mit ziemlich großer Wahrscheinlichkeit die meisten Erinnerungen. Die meisten Erinnerungen haben Sie an die Zeit, in der sie zwischen 10 und 30 Jahre alt waren.

Bei Untersuchungen des autobiographischen Gedächtnisses wurde diese Anhäufung von Erinnerungen entdeckt (Rubin & Schulkind, 1997). Versuchspersonen erinnern sich besonders gut an die Zeit, in der sie geheiratet haben und Kinder bekommen haben, während Erinnerungen an die Zeit zwischen 30 und 40 Lebensjahren weniger zahlreich sind. In derartigen Experimenten zählen WissenschaftlerInnen, wie viele Erinnerungen Versuchspersonen an unterschiedliche Lebensabschnitte haben. Abbildung 4 zeigt ein mögliches Ergebnis einer erwachsenen Versuchsperson. Die Anhäufung von Erinnerungen an die Jugendzeit ist deutlich sichtbar.

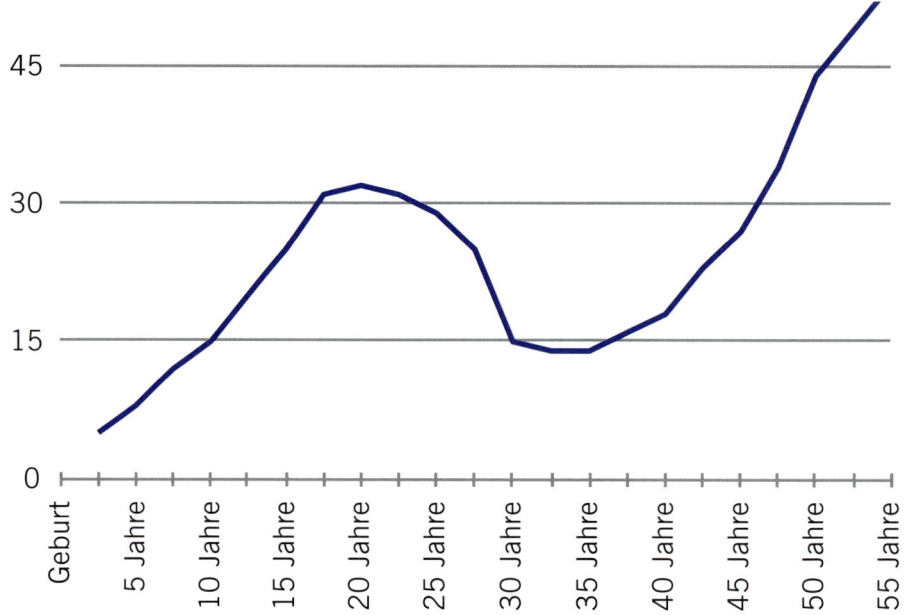

Abbildung 4: Anhäufung von Erinnerungen zwischen 10 und 30 Lebensjahren: Am Anfang des Lebens steht die kindliche Amnesie, die ersten Erinnerungen treten mit zwei bis vier Jahren auf. Die Anhäufung an Erinnerungen zwischen 10 und 30 Jahren ist deutlich zu sehen, gefolgt von einer Phase mit schlechteren Erinnerungen. Aktuellere Erinnerungen sind aufgrund Ihrer Neuheit wieder deutlicher vertreten und bilden das Ende der Kurve.

Der dänische Philosoph Søren Kierkegaard hat betont, dass man das Leben zwar vorwärts leben muss, aber nur rückwärts verstehen kann (Kierkegaard, Journal JJ 167). Die Anhäufung von Erinnerungen an unsere Jugendzeit ermöglicht uns unter Umständen im Alter, diese Zeit nochmal zu durchdenken. Wir haben immer mehr Erinnerungen an frühere Entscheidungen abgespeichert und können sie im Rückblick oft besser erfassen und verstehen.

Wir erleben Veränderungen unseres Erinnerungsvermögens, die das Älterwerden mit sich bringt, meist als unerfreulich und störend. Die amerikanische Psychologin Nancy Mergler jedoch betrachtet Alter aus einer ganz anderen Perspektive. Aus ihrer Sicht gehören Veränderungen im Alter zu einer notwendigen und funktionellen, ja sinnvollen Entwicklung dazu. Ältere Menschen sind ein wichtiger Bestandteil einer funktionierenden Gesellschaft, der die Überlebenschancen der Gesamtgruppe erhöht. Ältere Mitglieder einer Gesellschaft sind wichtig für die Weitergabe von Informationen und Erfahrungen (Mergler & Goldstein, 1983).

Dadurch, dass sich in späteren Jahren immer mehr Erinnerungen an jene Zeit, in der wir selbst wichtige Entscheidungen getroffen haben, angesammelt haben, sind wir nicht nur in der Lage, sie im Rückblick neu zu bewerten, sondern auch unsere Erfahrungen der nächsten Generation anzubieten.

Die Abwertung, die der Lebensabschnitt des Alters in den letzten Jahrzehnten erfahren hat, nimmt der Gesellschaft ein wichtiges Erfahrungspotential. Aber es sind erfreulicherweise erste Anzeichen eines Umdenkens zu erkennen: Immer mehr Betriebe und Firmen haben die Bedeutung von Lebens- und Berufserfahrung erkannt und laden pensionierte ehemalige Mitarbeiter als Berater und Tutoren ein.

Können Sie Ihren Erinnerungen vertrauen?

Wir stellen uns unser Gedächtnis gerne vor wie die Festplatte eines Computers, auf der einzelne Erlebnisse wie Dateien korrekt und einzeln abgespeichert sind. Wenn Sie sich an etwas erinnern können, dann muss es wohl genau so passiert sein, oder?

Nicht unbedingt, meint die amerikanische Psychologin Elizabeth Loftus. Loftus ist Expertin für sogenannte Erinnerungsfälschungen und konnte in zahlreichen Experimenten belegen, dass wir unseren Erinnerungen nicht immer trauen können (Loftus, 1996, 2004).

> Ältere Mitglieder einer Gesellschaft sind wichtig für die Weitergabe von Informationen und Erfahrungen.

In einer Ihrer zahlreichen Studien zeigte die kreative Forscherin ihren VersuchsteilnehmerInnen Werbeunterlagen von Disneyland. Auf einem der Prospekte war Bugs Bunny abgebildet, mit der Botschaft „Triff Bugs Bunny, das perfekte Ende eines perfekten Tages." Nachdem die TeilnehmerInnen diese Werbung gesehen hatten wurden sie gebeten, ihre eigenen Kindheitserinnerungen an Disneyland zu erzählen. 16% der Versuchspersonen konnte sich daran erinnern, Bugs Bunny in Disneyland getroffen zu haben. Unmöglich, da ja Bugs Bunny eine Figur der Konkurrenzfirma „Warner Brothers" ist und in Disneyland nichts verloren hat (Braun, Ellis, & Loftus, 2002).

Derartige Erinnerungsfälschungen sind häufig und nehmen zu, je älter wir werden. Seien sie nicht überrascht, wenn in einem Gespräch mit guten alten Bekannten Uneinigkeiten über gemeinsam Erlebtes auftreten.

§ 7:   Tauschen Sie Erinnerungen aus

Erinnern Sie sich noch an die letzte Weihnachtsfeier? Notieren Sie Einzelheiten, an die Sie sich erinnern können. Treffen Sie sich mit Personen, die bei der Feier dabei waren und vergleichen Sie Ihre Erinnerungen. Wie viele Details können Sie gemeinsam rekonstruieren?

Warum verändern sich Erinnerungen?

Erinnerungen sind nicht einzeln abgespeichert und unser Gedächtnis arbeitet nicht wie eine Computerfestplatte. Unser Gedächtnis besteht aus einer vernetzten Struktur. Inhalte werden miteinander in Verbindung gebracht und können darum verschwimmen. Wenn Sie sich an die letzte Weihnachtsfeier erinnern, erinnern Sie sich nicht nur an den 24. Dezember eines bestimmten Jahres, sondern aktivieren gleichzeitig Erinnerungen an viele frühere Feiern. So verschmelzen Erinnerungen miteinander und wir können nicht immer mit Sicherheit sagen, aus welchem Jahr eine Erinnerung stammt.

Jedes Mal, wenn Sie sich an ein Ereignis erinnern, verändert der Prozess des Erinnerns den tatsächlichen Gedächtnisinhalt. Wenn Sie eine neue Erfahrung machen, ist der Hippocampus (die Gedächtniszentrale unseres Gehirns, siehe S. 77) dafür zuständig, dieses Ereignis in Ihr Langzeitgedächtnis überzuführen. Jedesmal wenn Sie sich an das Erlebnis erinnern, wird wieder der Hippocampus aktiv.

Bei jedem weiteren Erinnern rufen Sie sich eigentlich nicht das tatsächliche Erlebnis ins Gedächtnis, sondern die letzte Erinnerung daran. Wenn Sie ein Detail in einer Erzählung ausschmücken oder intensivieren, werden Sie sich in Zukunft auch so daran erinnern. So nehmen wir Einfluss auf unsere Gedächtnisinhalte.

§ 8: Verschönern Sie Ihre Erinnerungen

Ihre Erinnerungen verändern sich mit der Zeit. Sie haben es daher – bis zu einem gewissen Grad – in der Hand, ob sie angenehmer oder unangenehmer werden. Fördern Sie schöne Erinnerungen!

Und so geht's: Erinnern Sie sich an ein konkretes Erlebnis aus Ihrer Kindheit oder Jugend. Welche positiven Elemente finden sich? Zählen

Sie in Gedanken so viele angenehme Details wie möglich auf. Wenn Sie sich in Zukunft an dieses Erlebnis erinnern, werden Ihnen diese schönen Seiten leichter einfallen.

Es liegt mir auf der Zunge …

„Wer war's denn gleich, Sie wissen doch…
Der Dings, naja, wie hieß er noch,
Der damals, gegen Ostern ging's,
In Dings gewesen mit dem Dings?"
(Eugen Roth)

Das Gedicht von Eugen Roth beschreibt eine Situation, die wir nur allzu gut kennen. Ein Wort, von dem wir wissen, dass wir es wissen, scheint wie weggeblasen. Die amerikanische Altersforscherin Deborah Burke hat sich mit dem sogenannten Zungenspitzenphänomen auseinandergesetzt. Sie sieht die Ursache für das momentane Vergessen darin, dass Wörter, die längere Zeit nicht genützt werden, schlechter zugänglich sind. Das Phänomen kommt umso öfter vor, je älter wir werden, da der Wortschatz beständig wächst. „Wörter sind nicht als Einheit gespeichert. Stattdessen sind Informationen über Laute mit den Informationen über die Bedeutung verbunden, welche wiederum mit der grammatikalischen Information gekoppelt sind und so weiter. Aber der Klang ist eher gefährdet mit der Zeit zu verfallen als andere Informationen, und das führt zum Gefühl des Zungenspitzenphänomens" (Burke in Horstman & Scientific American, 2012, S. 52).

§ 9: Erlauben Sie sich, laut zu denken

Um das Zungenspitzenphänomen zu vermeiden, ist es wichtig, Begriffe regelmäßig zu verwenden. Anstatt Alltagstätigkeiten schweigend zu verrichten, können Sie in Gedanken bewusst mitdenken und Gegenstände, aber auch Handlungen benennen. Wenn Sie an eine Person denken, versuchen Sie sich bewusst an ihren Namen zu erinnern.

Sie können diese Namen und Begriffe natürlich auch aussprechen: Wer ab und zu mit sich selber spricht, hat möglicherweise intuitiv einen Weg entwickelt, die Begriffe regelmäßig zu aktivieren und so das Zungenspitzenphänomen zu vermeiden (Horstman & Scientific American, 2012).

§ 10: Sammeln Sie Hinweisreize für Ihre Erinnerung

„Die Erinnerung ist wie ein Hund,
der sich hinlegt, wo er will."
(Cees Nooteboom)

Damit Sie sich an einen Begriff erinnern können, benötigen Sie also immer einen Hinweisreiz, ein Wort, das Sie an den gesuchten Begriff erinnert.

Alles, was Sie wissen, ist in Ihrem Langzeitgedächtnis verankert. Das ist jede Menge. Um Ordnung zu schaffen sind Inhalte in unserem Gedächtnis durch Assoziationen miteinander verbunden. So erinnert uns ein Begriff an zahlreiche andere. Wenn ich beispielsweise das Wort „Stuhl" nenne, denken Sie sofort an einen Sessel, einen Tisch, ein Wohnzimmer etc.

Damit Sie sich an einen Begriff erinnern können, benötigen Sie immer einen Hinweisreiz. Ein Hinweisreiz kann eine Frage, ein anderer Begriff, aber auch ein Anfangsbuchstabe, ein Geruch, ein Geräusch etc. sein.

Wenn Sie sich an ein Wort erinnern wollen, ist es dementsprechend hilfreich, so viele Hinweisreize wie möglich zu sammeln.

- *Wo haben Sie den Begriff zuletzt gehört? Erinnern Sie sich an möglichst konkrete Situationen, in denen der Name oder das Wort gefallen ist.*

- *Anfangsbuchstaben helfen uns dabei, uns an ganze Begriffe zu erinnern. Darum funktioniert es, in Gedanken das ganze Alphabet durchzudenken. Beginnen Sie bei A und überlegen Sie bei jedem Buchstaben einen Moment lang, ob er der richtige ist. Sobald Sie beim richtigen Buchstaben angelangt sind, fällt Ihnen möglicherweise spontan der gesuchte Begriff ein.*

- *Länge: Ist das Wort, das Sie suchen, länger oder kürzer? Handelt es sich vielleicht um einen zusammengesetzten Begriff?*

- *Wortklang, Schreibweise: Kommt der Begriff vielleicht aus einem anderen Sprachraum, klang er eher weich oder eher hart? Erinnern Sie sich an einzelne Buchstaben des Schriftbilds?*

§ 11: Gönnen Sie sich eine Denkpause

Wenn all die genannten Strategien keinen Erfolg bringen, machen Sie eine kurze Denkpause! Möglicherweise haben Sie ungeeignete Assoziationen geweckt, sozusagen in die falsche Richtung gedacht. Eine Denkpause macht Sie offen für neue Gedankengänge und möglicherweise fällt Ihnen das Wort nach dieser Pause wie von selbst ein.

(K)EIN GEDÄCHTNIS
WIE EIN SIEB

„Das Gedächtnis ist ein Netz –
zieht man es aus dem Bach, so ist es voller Fische,
aber Tausende Liter Wasser sind durchgelaufen,
ohne hängen zu bleiben."
(Oliver Wendell Holmes)

Den Schlüssel vergessen, den Herd nicht abgedreht, ein entfallener Name? Wer kennt Sie nicht, die vermeintlichen ersten Zeichen von Altersvergesslichkeit. Doch ab wann beginnt unser Gehirn vergesslich zu werden?

Dieser Frage gehen zahlreiche GehirnforscherInnen nach. Doch ihre Suche nach dem Beginn des Vergessens ist nicht immer einfach. Denn jüngere VersuchsteilnehmerInnen vergessen genauso, und zwar so einiges. Ältere und jüngere Personen unterscheiden sich vor allem in den Erklärungen, die sie für ihr Vergessen finden. Während jüngere StudienteilnehmerInnen den Versuchsleitern erklären, abgelenkt oder unkonzentriert gewesen zu sein, fragen die älteren besorgt nach, ob ihre Vergesslichkeit bedenklich sei. Dass selbst Schulkinder regelmäßig etwas vergessen, wissen Eltern wie Lehrkräfte nur allzu gut. Um wie viel vergesslicher werden wir wirklich, wenn wir älter werden? Oder ist das einzige, was wir vergessen, wie viel wir früher vergessen haben?

Ab wann werden wir vergesslich?

„Alt sein heißt für mich immer: fünfzehn Jahre älter als ich."

(Bernard Baruch)

Der weltweit anerkannte Experte für geistige Alterungsprozesse Timothy Salthouse geht davon aus, dass das Gedächtnis bereits im frühen Erwachsenenalter an Leistungsfähigkeit einbüßt (T. A. Salthouse, 2003) und wissenschaftliche Arbeiten geben ihm Recht: In einer großangelegten Studie wurden 2000 Versuchspersonen unterschiedlicher Altersgruppen vor verschiedene Gedächtnis- und Logikaufgaben gestellt. Am besten schnitt die Gruppe der 22-jährigen ab. Einen Abfall der Gedächtnisleistung konnten die Forscher bereits ab 27 Jahren feststellen. Aber es gab auch Bereiche, in denen die älteren Versuchspersonen die Nase vorne hatten: Wortschatz und Allgemeinwissen nahmen mit dem Alter beständig zu (Saslow, 2010).

Oder ist das einzige, was wir vergessen, wie viel wir früher vergessen haben?

Aus Sicht der Gedächtnisforschung gibt es keinen Grund, sich mit 50 Jahren auf einmal Sorgen um sein Gedächtnis zu machen. Wenn wir uns sorgen sollten, dann bereits mit 25.

Während wir, wenn wir älter werden, über unser schlechtes Gedächtnis klagen, ist die Jugend häufig viel selbstsicherer was ihr Gedächtnis betrifft.

§ 12: Entlarven Sie die wahren Ursachen für Wissenslücken

Die Wahrnehmung ist die Pforte in unser Gedächtnis (siehe S. 152). Ohne Aufmerksamkeit wird nicht gelernt. Reden Sie nicht schlecht über Ihr eigenes Gedächtnis, indem Sie sagen „Das habe ich vergessen!", wenn die Ursache eigentlich woanders liegt. Manchmal ist die akkuratere Beschreibung:

- *Das fällt mir momentan nicht ein.*

- *Da war ich unaufmerksam.*

- *Ich war abgelenkt.*

- *Ich habe nicht hingehört.*

- *Das habe ich nicht registriert.*

- *Ich wusste nicht, dass das wichtig ist.*

Ist Vergesslichkeit wirklich altersbedingt?

Möglicherweise kennen auch Sie aus Ihrem Umfeld einen älteren Menschen, von dem Sie sich denken: „So möchte ich auch sein, wenn ich älter werde". Es gibt zahlreiche Beispiele erfolgreichen Alterns, Personen bei denen Sie nichts von einer „altersbedingten" Vergesslichkeit merken.

> Die Unterschiede zwischen zwei 60-jährigen sind unter Umständen größer als die Unterschiede zwischen einer 20-jährigen und einer 60-jährigen Versuchsperson.

Sehen wir uns die Studien, in denen die Gedächtnisleistungen unterschiedlicher Versuchspersonen beurteilt werden, einmal genauer an. Abbildung 5 zeigt, dass der Durchschnitt der Gedächtnisleistung der Versuchspersonen mit dem Alter abnimmt. Aber entscheidend ist, nicht nur die Durchschnittswerte aller Personen zu betrachten, sondern jeden einzelnen Messwert. Die Ergebnisse jeder Person sind als schwarzer Punkt dargestellt. Es ist sehr schön zu erkennen, dass es gewaltige Unterschiede zwischen Personen innerhalb einer

Altersgruppe gibt. Die Unterschiede zwischen zwei 60-jährigen sind unter Umständen größer als die Unterschiede zwischen einer 20-jährigen und einer 60-jährigen Versuchsperson.

Geistige Fitness ist demnach ein Thema, das für alle Altersgruppen wichtig ist. Die schwerwiegendste Ursache für Unterschiede in der geistigen Leistungsfähigkeit ist die Aktivität.

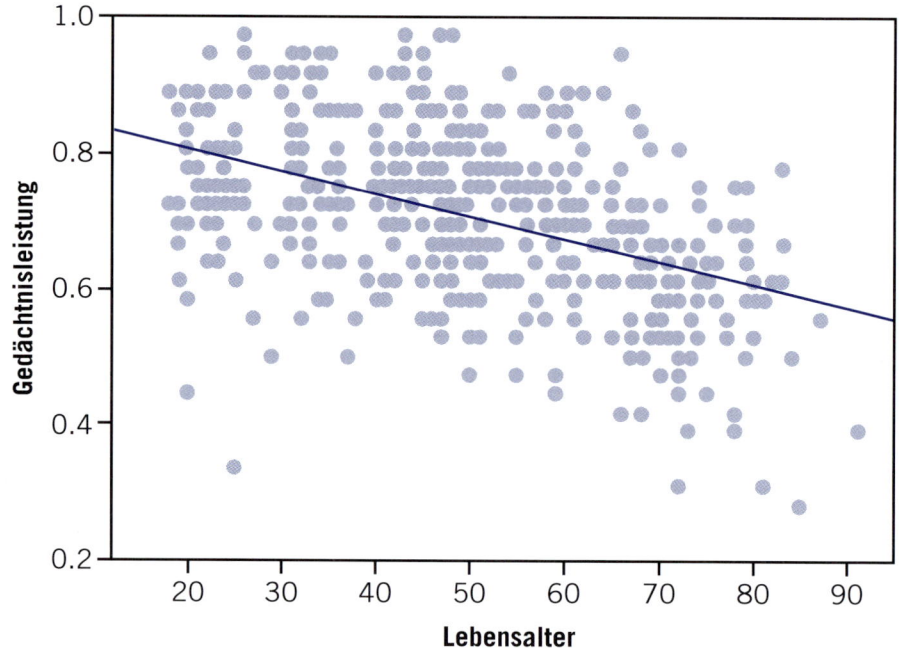

Abbildung 5: Gedächtnisleistung im Laufe des Lebens

Wiedergabe mit freundlicher Genehmigung von Timothy Salthouse (Abbildung aus T. Salthouse, 2010, S. 19)

Der Traum eines perfekten Gedächtnisses?

„Ein Sachverhalt wird um so leichter behalten, je mehr er begreifbar ist,
und umgekehrt vergessen wir ihn umso leichter, je weniger dies gilt."
(Spinoza)

Ein berühmter Fall der Geschichte der Gedächtnisforschung ist der Fall des russischen Journalisten S.V. Shereshevskii, der über ein außergewöhnliches Gedächtnis verfügte (Luria, 2004). Der Journalist merkte sich scheinbar alles, was um ihn herum passierte und konnte mathematische Formeln und sinnlose Silben problemlos im Kopf behalten. Shereshevskii lernte auch mühelos italienische Gedichte auswendig – ohne ein Wort Italienisch zu verstehen oder sich auf Italienisch unterhalten zu können.

So sehr die Leistungsfähigkeit seines Gedächtnisses fasziniert, so wenig nützte es Shereshevskii im täglichen Leben. Er konnte in seinem Gedächtnis zwar jegliche Silbenfolge abspeichern, musste aber feststellen, dass ihm dieses gespeicherte Wissen nicht half, die Inhalte zu verstehen. Die mathematischen Formeln beispielsweise hatte er zwar im Kopf, damit rechnen konnte er aber nicht unbedingt. Und über das Lernen der italienischen Gedichte erlernte er auch die italienische Sprache nicht.

Es ist eine wichtige Erkenntnis, dass Gedächtnis nicht mit Intelligenz gleichzusetzen ist. Nur weil ich etwas auswendig beherrsche bedeutet das noch nicht, dass ich den Inhalt tatsächlich erfasst und verstanden habe.

Übrigens. Shereshevskii selbst empfand sein gutes Gedächtnis zeitweise als Last. Nicht immer war er froh, dass er sich alles merkte.

So startete er den verzweifelten Versuch, sich Dinge aufzuschreiben … in der Hoffnung, sie so vergessen zu können!

Lob auf das Vergessen

> Vergessen ermöglicht uns, Platz für Informationen zu schaffen, die wir uns merken wollen.

Studien zeigen, dass das Vergessen ein wichtiger Bestandteil unseres Gedächtnisses ist. Vergessen ermöglicht uns, Platz für Informationen zu schaffen, die wir uns merken wollen. Bei Gedächtnisaufgaben, in denen Versuchspersonen aufgefordert wurden, Informationen zu ignorieren und andere auswendig zu lernen, erinnerten sich diejenigen am besten an die entscheidenden Begriffe, die die ungewollten Worte am besten vergessen konnten (Kuhl, Dudukovic, Kahn, & Wagner, 2007).

Die Stärken und Schwächen des Gedächtnisses im Alter

Schwäche: Listen memorieren
Stärke: Zusammenhänge erkennen

Ältere Leute sind schlechter darin, Listen auswendig zu lernen. Aber wie oft müssen Sie im echten Leben Listen memorieren?

Wenn wir älter werden, fällt es uns schwerer, jedes einzelne Detail im Kopf zu behalten. Dafür verbessert sich eine andere Fähigkeit: Das Geschick, Zusammenhänge zu erkennen. Wir richten unser Auge auf das Wesentliche und erfassen die Quintessenz.

§ 13: Entdecken Sie Zusammenhänge

Ihre Stärke ist es, Inhalte zu verstehen, nicht sie einfach nur auswendig zu lernen. Wenn Sie sich eine Liste einprägen wollen, können Sie sie am besten in sinnvolle Kategorien einordnen. Sie werden merken, dass Sie sich dadurch bereits einiges merken.

Schwäche: prospektives Gedächtnis
Stärke: Organisation

Wir denken, wenn wir von Gedächtnis sprechen, immer an die Vergangenheit. Aber in Wirklichkeit geht es auch um die Zukunft: Als prospektives Gedächtnis wird unsere Fähigkeit bezeichnet, uns an Aufgaben in der Zukunft zu erinnern. Wenn Sie beispielsweise daran denken möchten, Ihrer Freundin morgen das Buch zurückzugeben, dann brauchen Sie dafür Ihr prospektives Gedächtnis.

Jüngere Versuchspersonen schneiden bei Gedächtnistests zum prospektiven Gedächtnis häufig besser ab als die älteren TestteilnehmerInnen. Im Alltag sind es trotzdem eher die älteren Personen, die Wichtiges tatsächlich zum richtigen Zeitpunkt erledigen. Für dieses Phänomen gibt es eine Erklärung: Erfahrenere Menschen profitieren von Selbstorganisationsstrategien, die es Ihnen ermöglichen, wie von selbst an wichtige Inhalte zu denken. Sie legen beispielsweise das Buch so ab, dass Sie im richtigen Moment daran erinnert werden. Auf Seite 165f. finden Sie Tipps, wie Sie mit Organisationsstrategien Ihr Gedächtnis optimieren können.

DIE ENTDECKUNG DER LANGSAMKEIT

Schwäche: Schnelligkeit
Stärke: Bedachtsamkeit

Die meisten Tests, die Intelligenz, Gedächtnisleistung oder andere geistigen Fähigkeiten testen, haben einen wesentlichen, begrenzenden Faktor: ein Zeitlimit. Schnelligkeit punktet. Und genau diese nimmt im Laufe des Lebens ab.

> Im Alter verringert sich unsere Impulsivität, wir gehen weniger Risikos ein und machen weniger Fehler.

Kommt Zeit, kommt Rat

Diese gewonnene Langsamkeit stellt nicht unbedingt eine Schwäche dar. In einer komplexen Welt ist es oft von Vorteil, langsamer zu reagieren und über Entscheidungen zweimal nachzudenken. Im Alter verringert sich unsere Impulsivität, wir gehen weniger Risikos ein und machen daher auch weniger Fehler.

So stellten sich ältere VersuchteilnehmerInnen in wissenschaftlichen Studien bei zahlreichen Aufgaben als langsamer, aber treffsicherer heraus.

Der Neuroökonom der Universität Harvard, David Laibson nennt die Jahre um die Lebensmitte das „Zeitalter der Vernunft" und konnte in seinen Studien zeigen, dass Versuchspersonen des mittleren Alters die besten finanziellen Entscheidungen treffen (Agarwal, Driscoll, Gabaix, & Laibson, 2008).

In einer anderen Studie wurden 118 Piloten in einem Flugsimulator vor unterschiedliche Aufgaben gestellt. Die besten Ergebnisse erzielten ältere, erfahrene Piloten. Sie wichen Kollisionen am erfolgreichsten aus und kommunizierten genauer (J. L. Taylor, Kennedy, Noda, & Yesavage, 2007).

Erinnern Sie sich an die Notwasserung des US-Airways Flug 1549 im Jahr 2009? Die 150 Passagiere und fünf Besatzungsmitglieder verdankten Ihr Überleben den weisen Entscheidungen und sicheren Handlungen des 57-jährigen Piloten Chesley Burnett Sullenberger.

Illusion Multitasking

Telefonieren, E-Mails beantworten, alte Dateien löschen, Radio hören ... und am liebsten alles zugleich? Vergessen Sie's! Multitasking ist eine Illusion. Unser Gehirn ist nicht dafür gemacht, mehrere Angelegenheiten auf einmal zu erledigen. Der Gleichzeitigkeit ist eine klare Grenze gesetzt: Wir können nicht an zwei Dinge gleichzeitig denken! Mit dieser Faustregel können Sie sich alle Multitasking-Fragen beantworten. In dem Moment, wo Sie über eine Tätigkeit nicht mehr nachdenken müssen, sie sozusagen automatisiert haben, können Sie sie sehr wohl kombinieren. So ist es uns möglich, gleichzeitig zu gehen und dabei zu sprechen: wir haben das Gehen automatisiert. In unwegsamem Gelände werden Sie merken, dass Sie automatisch kurz das Gespräch unterbrechen.

> **Wir können nicht an zwei Dinge gleichzeitig denken!**

Wenn Sie ein Gericht kochen, dass Sie nebenbei und wie selbstverständlich zubereiten können, können Sie dabei ein Telefongespräch führen. Doch wenn Sie ein neues und kompliziertes Rezept ausprobieren, legen Sie das Handy wahrscheinlich zur Seite.

Derartige Beispiele sind zahlreich.

Wir können allerdings nicht einen Text aufmerksam lesen und uns dabei über ein anderes Thema unterhalten. Wir probieren es aber trotzdem immer wieder.

Stellen Sie sich vor, Sie sitzen am Frühstückstisch und lesen die Zeitung. Ihr Handy läutet. Sie heben ab und beginnen das Gespräch, lesen aber noch schnell den letzten Artikel zu Ende.

Kennen Sie aber auch die umgekehrte Situation, dass Sie jemanden anrufen und genau an der Stimme hören, dass die betreffende Person noch etwas anderes macht?

Wir hören es, wenn uns jemand nicht seine volle Aufmerksamkeit schenkt. Wenn Sie das bei anderen merken, dann merken es andere auch bei Ihnen!

Darum sollten wir derartige Situationen auch vermeiden.

Manchmal haben wir die Illusion, mehrere Dinge gleichzeitig zu tun. Doch der Schein trügt. Was unser Gehirn macht, um uns Multitasking zu ermöglichen, ist, schnell zwischen den beiden Tätigkeiten zu wechseln. Dieser Aufmerksamkeits-Wechsel kostet Zeit und Energie und insgesamt sparen wir keine Zeit.

Beobachten Sie es selbst: Telefongespräche, denen Sie nicht Ihre volle Aufmerksamkeit widmen, dauern länger! Am schlimmsten sind diejenigen Telefongespräche, bei denen beide Gesprächspartner nebenbei etwas anderes machen. Sie können ewig dauern.

Menschen aller Altersgruppen sind gut beraten, auf Multitasking nach Möglichkeit zu verzichten. Dies gilt aber insbesondere, wenn wir älter werden. Denn für den beschriebenen Aufmerksamkeits-wechsel benötigen wir Kontrollfunktionen, die durch den Stirnlappen unseres Gehirns geregelt werden. Gerade dieser Bereich wird aber durch Alterungsprozesse verlangsamt, es fällt uns schwerer unsere Aufmerksamkeit zu steuern und Multitasking wird noch schwieriger. Aus diesem Grund sind ältere Personen leichter abgelenkt und brauchen eher Ruhe um konzentriert arbeiten zu können.

§ 14: Vermeiden Sie Multitasking

Erledigen Sie Aufgaben bewusst hintereinander.

- *Beantworten Sie E-Mails zu bestimmten Zeiten und lassen Sie sich in Ihrer Arbeit nicht durch Nachrichten stören.*

- *Ein Notizbuch in Griffweite kann Ihnen helfen, Unerwartetes zwischendurch festzuhalten, ohne Ihren Arbeitsfluss zu unterbrechen.*

- *Weisen Sie Leute in Ihrer Umgebung darauf hin, wenn eine Aufgabe Ihre volle Konzentration erfordert und führen Sie keine Gespräche „nebenbei".*

- *Heben Sie Ihr Telefon nur ab, wenn Sie tatsächlich die Möglichkeit haben, ein ungestörtes Telefongespräch zu führen.*

§ 15: Gönnen Sie Ihrer Konzentration die Ruhe, die sie braucht

Ihr Zwischenhirn ist dafür zuständig, aus allen Reizen in Ihrer Umgebung diejenigen auszuwählen, auf die Sie Ihre Aufmerksamkeit richten sollen. Im Laufe der Evolution hat das Zwischenhirn einen Mechanismus entwickelt, um Sinneseindrücke auszuwählen. Die einfache Regel lautet: Alles, was um uns herum gleich bleibt, interessiert uns nicht! Denn davon können wir nichts Neues mehr lernen. Doch sobald sich in unserer Umgebung etwas ändert, wird es interessant. Änderungen bedeuten Neuigkeit und damit die Möglichkeit, dazuzulernen. Änderungen in unserer Umgebung haben unsere volle Aufmerksamkeit verdient und darum sorgt das Zwischenhirn dafür, dass Sie Ihre Aufmerksamkeit darauf richten, ganz automatisch.

Probieren Sie's aus! Wenn ein Handy läutet, eine Tür zufällt oder ein unerwarteter Lichtblitz auftaucht: Ihre Aufmerksamkeit richtet sich automatisch auf diesen neuen Reiz.

Der Stirnlappen unseres Großhirns kann nun entscheiden, dass der Störfaktor unsere Aufmerksamkeit nicht verdient und hilft Ihnen dabei, gedanklich bei Ihrer ursprünglichen Aufgabe zu bleiben.

Und genau diese Fähigkeit geht uns im Alter verloren. Wenn der Stirnlappen unseres Großhirns altert, sind wir schlechter in der Lage, Ablenkungen auszublenden. Lärm, der uns früher nicht gestört hätte, entwickelt sich zu einem lästigen Problem und Radio und Musik nebenbei zu hören kommt uns nicht mehr in den Sinn. Gönnen Sie Ihrer Konzentration die Ruhe, die sie braucht und vermeiden Sie Ablenkungen.

Ihre Konzentrationsfähigkeit können Sie trainieren! Im Kapitel „Konzentration" **im Übungsbuch** finden Sie einige Konzentrationsübungen.

ALT MACHT GLÜCKLICH

„Wir lachen als 15-jährige über die 25-jährigen, als 50-jährige
über die 40-jährigen und als 60-jährige hoffentlich über uns selbst.
Wir erkennen uns als das, was wir sind, und lernen uns zu lieben."
(Schmitz, 2011)

Ich erinnere mich an einen Novembertag vor einigen Jahren. Ich war mit meiner Großtante auf dem Friedhof, um Ihren Mann zu besuchen. Sie war nicht mehr allzu gut zu Fuß und genoss sichtlich die seltene Gelegenheit, dem Pensionistenwohnheim zu entfliehen. Der Weg hinauf auf den Hügel war beschwerlich. Oben angekommen freute ich mich für meine Tante über die schöne Aussicht. Leider war der Himmel bewölkt. „Schade, dass die Sonne nicht scheint", dachte ich laut. Meine Tante lächelte. „Weißt du, ich habe gerade genau dasselbe gedacht. Ich dachte mir: Schön, dass es nicht regnet."

Genau so habe ich meine Tante in Erinnerung: Sie machte immer das Beste aus jeder Situation.

Aber meine Tante ist nicht alleine mit ihrer guten Laune. Alte Leute sind zufriedener, zeigen wissenschaftliche Studien. „Ältere Personen zeigen deutliche Vorlieben für positive Inhalte in Gedächtnis und Aufmerksamkeit", erklärt Laura Carstensen (Carstensen in Strauch, 2010, S. 34) die Ergebnisse ihrer Studie. Ältere Versuchsteilnehmer konnten sich an positive Bilder besser erinnern als an negative (Charles, Mather, & Carstensen, 2003). Es scheint, als ob wir unser Leben im Rückblick durch eine Art rosarote Brille sehen. Hinweise erinnern uns eher an positive Erlebnisse und zurückliegende Entscheidungen werden positiv bewertet (Mather & Carstensen, 2005).

Ein altes Haus kann nichts mehr erschüttern.

„Was ist Ihre glücklichste Erinnerung?", wurden die 1241 Versuchsteilnehmer zwischen 20 und 93 Jahren einer dänischen Studie gefragt. Genauso sollten sie sich an Ihre wichtigsten, traumatischsten und traurigsten Erlebnisse erinnern. Die Versuchsleiter verglichen, wie lang die Erinnerungen zurücklagen und erkannten, dass kaum alte Erinnerungen als tragisch oder traumatisch aufgezählt wurden. Je weiter etwas zurück liegt, desto weniger tragisch erscheint es (Berntsen & Rubin, 2002). Die Zeit heilt tatsächlich alle Wunden.

Die Amgydala, der Kern in unserem Gehirn der für die Regulation von Angst und Stress zuständig ist, reagiert im Alter nicht mehr so schnell auf negative Reize. Wenn Leute älter werden, sind sie weniger beunruhigt durch Stress und Ärger, erklärt der Emotionsforscher Arthur Stone und fügt hinzu, dass auch Sorgen ab etwa dem 50. Lebensjahr abnehmen (Stone, Schwartz, Broderick, & Deaton, 2010).

Je älter wir werden, desto besser wird unsere Fähigkeit, unsere Emotionen zu regulieren. Gene Cohen von der Universität Washington erzählt, wie er einer 74-jährigen Frau einen schönen Tag wünschte und beschreibt Ihre optimistische Antwort: „Ich mache daraus einen schönen Tag!" (G. D. Cohen, 2006).

ZUSAMMENFASSUNG: WAS NEHMEN SIE SICH AUS DIESEM KAPITEL MIT?

- *Wer eine negative Einstellung gegenüber dem Alter hat, zeigt schneller Symptome wie Vergesslichkeit.*

- *Unser Gehirn bleibt ein Leben lang flexibel und lernfähig.*

- *Eine Abnahme der weißen Substanz, der fettumhüllten Nervenfasern, ist wahrscheinlich für eine verminderte geistige Leistungsfähigkeit im Alter verantwortlich.*

- *Ein fittes altes Gehirn kann Substanzverluste durch die zusätzliche Aktivierung anderer Nervenzellnetze ausgleichen.*

- *Im Alter erinnern wir uns besonders an unsere jungen Jahre. Dieses Phänomen ermöglicht es uns, Wissen und Erfahrungen in einer Gesellschaft über Generationen weiterzugeben.*

- *Wenn uns ein Begriff auf der Zunge liegt, hilft es, zu versuchen, so viele Hinweisreize wie möglich zu sammeln, die an den gesuchten Begriff erinnern.*

- *Vergesslichkeit wird weniger durch das Alter, als durch geistige Inaktivität verursacht.*

- *Vergessen ist ein wichtiger Bestandteil eines funktionierenden Gedächtnisses.*

- *Ältere Personen sind zwar weniger schnell, machen dafür aber auch weniger Fehler.*

- *Wir können nicht an zwei Dinge gleichzeitig denken. Multitasking ist nur möglich, wenn wir mindestens eine der Fähigkeiten automatisiert haben.*

- *Mit den Jahren werden wir anfälliger für Ablenkungen. Darum brauchen wir Ruhe, um uns konzentrieren zu können.*

- *Alte Menschen sind zufriedener und sorgen sich weniger als junge.*

II WAS IST DEMENZ?

Hier ist Platz für Ihre persönlichen Fragen und Anmerkungen:

DR. ALZHEIMER

„Ich bin wie ein Puzzle, dem wichtige Teile fehlen,
aber ich weiß nicht, welche es sind und wer sie hat."
(Patientin in Schloffer, Prang, & Frick, 2009)

Der Begriff Demenz

Es war der Ehemann von Auguste D., der den Arztbesuch am 25.11.1901 initiierte. Er erklärte dem behandelnden Arzt, dass sich seine Frau innerhalb des letzten Jahres stark verändert hatte.

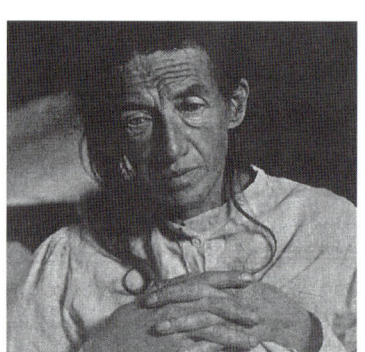

Abbildung 6: Auguste D.

Die Patientin Auguste schien in Zeit und Raum verloren. Auf Fragen antwortete sie unzusammenhängend und unpassend und selbst den Namen ihres besorgten Ehemanns hatte sie scheinbar vergessen. „Ich habe mich sozusagen verloren", fasste sie ihren Zustand selbst in Worte.

Der behandelnde Arzt hieß Dr. Alois Alzheimer und während der nächsten Jahre beobachtete und dokumentierte er diesen zur damaligen Zeit außergewöhnlichen Fall von Verwirrtheit. Als Auguste 1906 starb, untersuchte Dr. Alzheimer ihr Gehirn und fand zahlreiche Ablagerungen, die er als senile Plaques beschrieb.

Abbildung 7: Dr. Alois Alzheimer

Am 3. November 1906, ziemlich genau fünf Jahre nachdem Dr. Alzheimer Auguste zum ersten Mal gesehen hatte, stellte er ihre Krankengeschichte auf einer medizinischen Tagung in Tübingen vor. So wurde Auguste zum ersten dokumentierten Fall einer damals seltenen Krankheit, die heute als „Alzheimer-Demenz" weit verbreitet und gefürchtet ist.

Der lateinische Begriff „mens" steht für Geist und Bewusstsein. Weitere Bedeutungen sind Verstand, Denken, Absicht, aber auch die Erinnerung.

Die Vorsilbe „de" in Demenz gibt das Fehlen der genannten Fertigkeiten an.

> „Ich habe mich sozusagen verloren."
> (Auguste D., Patientin)
> von Dr. Alois Alzheimer

In der Medizin ist Demenz ein Oberbegriff für Erkrankungen, die zu ausgeprägten Störungen von geistigen, emotionalen und/oder sozialen Fähigkeiten führen.

DEMENZ IST NICHT GLEICH DEMENZ

„Ich bin ein schwacher, kind'scher, alter Mann,
Achtzig und drüber: keine Stunde mehr
Noch weniger, und grad' heraus
Ich fürchte fast, ich bin nicht recht bei Sinnen.
Mich dünkt, ich kenn' Euch, kenn' auch diesen Mann;
Doch zweifl' ich noch, denn ich begreif' es nicht,
An welchem Ort ich bin; all mein Verstand
Entsinnt sich dieser Kleider nicht, noch weiß ich,
Wo ich die Nacht schlief. Lacht nicht über mich."
(König Lear in Shakespeare, 1986, S. 4. Aufzug, 7. Szene)

Im Volksmund werden die Begriffe „Demenz" und „Alzheimer" häufig synonym verwendet, als ob sie die gleiche Bedeutung hätten.

> Demenz ist ein Überbegriff für unterschiedliche Krankheiten. Die Alzheimer-Krankheit ist zwar die häufigste Ursache für Demenz, aber nicht die einzige.

Seit Dr. Alzheimer vor über hundert Jahren die typischen Veränderungen im Gehirn seiner Patientin entdeckt hat, sind noch weitere Ursachen für Demenz erkannt worden. Morbus Alzheimer ist demnach nur eine von vielen möglichen Formen von Demenz.

Demenz ist ein Überbegriff für unterschiedliche Krankheiten. Die Alzheimer-Krankheit ist zwar die häufigste Ursache für Demenz, aber nicht die einzige.

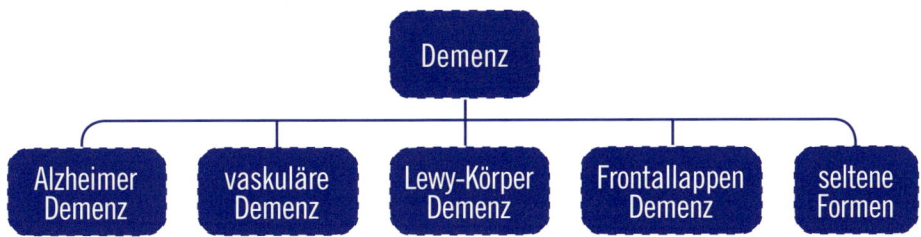

Alzheimer Demenz:

Morbus Alzheimer ist für mehr als die Hälfte der Demenz-Fälle verantwortlich und damit die häufigste Ursache für geistigen Verfall. Betroffene leiden unter Gedächtnisverlust, aber auch unter anderen kognitiven Einschränkungen. Die Alzheimer-Krankheit befällt das Gehirn und führt zu einem Verlust an Nervenzellen sowie zu Protein-Ablagerungen zwischen den Nervenzellen. In den nächsten Kapiteln werden Sie mehr über Symptome, Diagnose und Risikofaktoren dieser Krankheit erfahren.

Vaskuläre Demenz:

Unser Gehirn ist wie alle Organe auf eine optimale Durchblutung angewiesen. Nur so kann sichergestellt werden, dass die Nervenzellen ausreichend Sauerstoff erhalten und dass genügend Nährstoffe vorhanden sind.

Ist die Durchblutung nicht gewährleistet, kommt es zu Schädigungen des Gehirns.

Sind große Gebiete betroffen, sind die Auswirkungen weitreichend und wir sprechen von einem Schlaganfall. Kleinere Durchblutungsstörungen, sogenannte Mini-Schlaganfälle, wirken sich weniger drastisch aus und können sogar unbemerkt bleiben. Die Nervenzellen leiden trotzdem und langfristig machen sich doch Symptome wie

Vergesslichkeit, Gangstörungen, Sprachschwierigkeiten oder Persönlichkeitsveränderungen bemerkbar.

Im Gegensatz zu Alzheimer treten die Symptome bei der vaskulären Demenz häufig schnell und plötzlich auf. An Tagen, an denen die Durchblutung des Gehirns besser ist, können die Symptome mitunter milder erscheinen.

Bei mindestens der Hälfte der Patienten mit vaskulärer Demenz finden sich im Gehirn gleichzeitig jene Ablagerungen, die typisch für die Alzheimer-Krankheit sind. Wir sprechen dann von Mischformen von Alzheimer und vaskulärer Demenz.

Wie später noch genauer erläutert werden wird, ist eine schlechte Durchblutung des Gehirns ein Risikofaktor nicht nur für die vaskuläre Demenz, sondern auch für die Alzheimer Krankheit.

§ 16: Erkennen Sie einen Schlaganfall so schnell wie möglich

Ein Schlaganfall wird durch eine Durchblutungsstörung des Gehirns verursacht. Ursachen können ein Verschluss eines Gefäßes oder auch eine Gehirnblutung sein. Je früher eine medizinische Behandlung möglich ist, desto geringer ist die Gefahr bleibender Schäden.

Die folgenden Zeichen können ein Signal für einen Schlaganfall darstellen. Wenn eines oder mehrere Symptome **plötzlich** auftreten, sollten Sie sofort medizinische Hilfe aufsuchen:

- *Schwäche oder Gefühllosigkeit in Arm, Bein oder Gesicht, besonders wenn sie nur einseitig auftritt*

- *Sprachschwierigkeiten*

- *Verwirrtheit*

- *Sehstörungen*

- *Gleichgewichtsverlust, Schwierigkeiten zu gehen*

- *starker Kopfschmerz*

Schnelltest Schlaganfall

Der FAST-Schnelltest wurde in Amerika entwickelt und soll Nicht-Medizinern helfen, einen Schlaganfall so rasch wie möglich zu erkennen:

F: face - Gesicht
- *Kann die Person noch lächeln oder ist das Lächeln einseitig verzogen?*

A: arms - Arme
- *Kann die Person mit geschlossenen Augen beide Arme gleichzeitig nach vorne heben, ohne dass ein Arm sinkt oder sich verdreht?*

S: speech - Sprache
- *Kann die Person einen einfachen Satz wiederholen?*

T: time - Zeit
- *Wenn die Person eine der drei Aufgaben nicht bewältigt, sollten Sie keine Zeit verlieren! Rufen Sie sofort ärztliche Hilfe!*

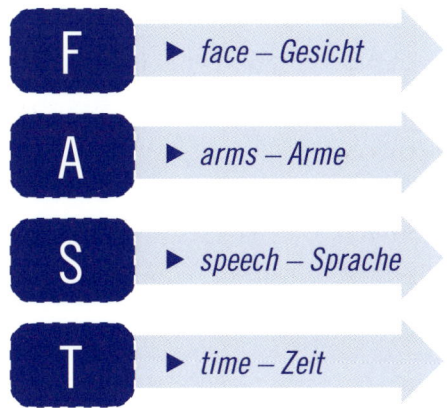

Lewy-Körper Demenz bei der Parkinson Krankheit:

Die typischen Bewegungsstörungen der Parkinson-Krankheit entstehen durch einen Abbau von Nervenzellen in einer Struktur unseres Gehirns, die eine wichtige Rolle in der Bewegungssteuerung spielt, der sogenannten Substantia Nigra. Lewy-Körper sind Ablagerungen, die sich in den Nervenzellen des Großhirns von Betroffenen finden.

In fortgeschrittenen Stadien der Parkinson-Krankheit kann es zu einer Form der Demenz kommen, die als Lewy-Körper Demenz bezeichnet wird. Betroffene klagen vor allem über Schwierigkeiten bei der Wiedergabe von Wissen. Sie können sich neue Inhalte zwar merken, haben aber Schwierigkeiten, sie wiederzugeben. Das Gedächtnis hingegen ist von der Lewy-Körper-Demenz nicht unbedingt betroffen.

Angehörige beobachten einen gestörten und unruhigen Schlaf und berichten von wilden Bewegungen und Schreien im Schlaf. Charakteristisch sind außerdem visuelle Halluzinationen.

Frontallappen Demenz (frontotemporale Demenz)

Die frontotemporale Demenz ist selten, tritt dafür meistens schon früher auf als andere Demenz-Formen. PatientInnen sind häufig zwischen dem 45. und 65. Lebensjahr. Bei dieser Form der Demenz ist der Frontallappen des Gehirns betroffen. Dieser vorderste Teil des Gehirns ist zuständig für Kontroll- und Hemmmechanismen und steuert verantwortungsbewusstes und zielorientiertes Handeln. Der Frontallappen ist daher für unsere Persönlichkeit und unser Sozialverhalten verantwortlich.

Bei der frontotemporalen Demenz sind diese Fähigkeit gestört, es kommt zu Persönlichkeitsveränderungen und Verhaltensauffälligkeiten.

ANDERE URSACHEN FÜR DAS VERGESSEN

Aus den Augen, aus dem Sinn

Erinnern Sie sich an den Ausdruck „Use it or lose it" (siehe S. 27)? Nervenzellen und -verbindungen, die wir nicht verwenden, werden abgebaut.

Und jetzt stellen Sie sich vor, wie es einem Gehirn geht, das keine Sinneseindrücke mehr bekommt, weil die Augen durch einen grauen Star geblendet werden und das Gehör altersbedingt verschlechtert ist?

Richtig, die Nervenzellen haben keine Chance, ihre Kapazität zu erhalten.

Darum überrascht das Ergebnis der *Maastricht Altersstudie* in den Niederlanden nicht: Schwächere Sinnesorgane sind gekoppelt an eine Abnahme der geistigen Leistungsfähigkeit (Valentijn u. a., 2005). So konnten die ForscherInnen beispielsweise zeigen, dass Versuchspersonen, die schlechter hören, vergesslicher sind als normalhörende Gleichaltrige (van Boxtel u. a., 2000).

Das ist deswegen so tragisch, weil es in der heutigen Zeit nicht mehr notwendig ist, auf präzise Sinneswahrnehmungen zu verzichten. Sehhilfen wie Brillen oder Kontaktlinsen sind zur Selbstverständlichkeit geworden, einen grauen Star kann man behandeln, aber auch die Leistungsfähigkeit der modernen Hörgeräte wird immer besser.

§ 17: Besorgen Sie sich rechtzeitig ein Hörgerät

> Je früher Sie sich an ein Hörgerät gewöhnen, desto besser können die Nervenzellen ihre Funktion erhalten.

Bei Hörgeräten gibt es einen Zeitpunkt, zu dem es fast schon zu spät ist: Je früher Sie sich an ein Hörgerät gewöhnen, desto besser wird die Funktion der Nervenzellen erhalten. Wenn Sie zu lang warten, haben sich die Nervenzellen in Ihrem Hörzentrum bereits zurückgebildet, Erinnerungen an Geräusche verblassen und sie müssen das Hören neu erlernen. Aus diesem Grund tragen viele Personen ihre Hörgeräte nicht gerne.

Lassen Sie Ihre Hörleistung testen und suchen Sie eine kompetente Beratung auf, damit Sie Ihre Nervenzellen rechtzeitig vor dem Abbau schützen.

Austrocknung

Der deutsche Psychologe Ernst Pöppel sagte 2003 in einem Interview: „Man schätzt, dass etwa jeder zehnte, bei dem die Alzheimer-Krankheit diagnostiziert wird, seinem Körper nur zu wenig Flüssigkeit zuführt." (Brandt & Hanser, 2003).

Unser Durstempfinden nimmt im Laufe des Lebens ab. Dies führt dazu, dass ältere Menschen häufig nicht spüren, dass Ihnen Flüssigkeit fehlt. Die Nervenzellen im Gehirn leiden, noch bevor wir Durst bekom-

> „Man schätzt, dass etwa jeder zehnte, bei dem die Alzheimer-Krankheit diagnostiziert wird, seinem Körper nur zu wenig Flüssigkeit zuführt."
> (Ernst Pöppel, Psychologe)

men. Die Folgen sind Müdigkeit, Konzentrationsstörungen und Vergesslichkeit.

Dies führt in einen Teufelskreis: Durch die Austrocknung werden wir vergesslich. Wir vergessen zu trinken, was die Dehydration (Austrocknung) weiter verschlimmert.

Der zweite Teil dieses Buches ist der praktischen Umsetzung der Inhalte gewidmet. Ab Seite 191 lesen Sie mehr über Wichtigkeit von Flüssigkeit für unser Gehirn.

Depression

Eine Depression kann demenzähnliche Symptome verursachen.

Konzentrationsstörungen und Vergesslichkeit sind bei depressiven PatientInnen keine Seltenheit.

Durch Antriebslosigkeit und fehlende Motivation erzielen depressive Personen bei neuropsychologischen Tests häufig schlechte Ergebnisse. Die untersuchenden Ärzte erhalten Resultate, die in den Bereich einer geistigen Beeinträchtigung fallen würden, obwohl die Betroffenen nicht an einer Demenz, sondern an einer Depression leiden.

Eine Depression kann unseren Biorhythmus aus dem Gleichgewicht bringen. Schlaf- und Wachphasen verschwimmen. Dies kann zu zeitlicher Desorientierung führen.

Während sich eine Demenz langsam entwickelt, tauchen vergleichbare Symptome im Zusammenhang mit einer Depression meist schneller auf. Trotzdem ist eine Verwechslung leicht möglich.

Unsere Stimmungslage beeinflusst unsere geistige Leistungsfähigkeit. Hierüber werden Sie ab Seite 229 mehr erfahren.

Zu viel des Guten: Nebenwirkungen von Medikamenten

Wechselwirkungen, Überdosierungen oder schlicht und einfach falsche Medikamente können sich negativ auf Ihre geistige Leistungsfähigkeit auswirken.

§ 18: Vermeiden Sie gefährliche Medikament-Wechselwirkungen

Zahlreiche Medikamente beeinflussen unser Gehirn. Gerade die Wechselwirkungen zwischen unterschiedlichen Pharmaka können verheerende Auswirkungen auf uns haben. Alkohol verstärkt die dämpfende Wirkung einiger Präparate.

- *Nehmen Sie Medikamente nie gemeinsam mit Alkohol ein.*

- *Informieren Sie Ihre Ärztin / Ihren Arzt über alle Substanzen, die Sie regelmäßig oder auch nur sporadisch einnehmen.*

Nahezu alle Schlafmittel verursachen Gedächtnisstörungen. Außerdem beeinflussen sie die Qualität des Schlafes. Mehr zum Thema Schlaf finden Sie ab Seite 205.

Antihistaminika werden zur Behandlung von Allergien und bei Reisekrankheit verabreicht. Manche Präparate überwinden die Blut-Hirn-Schranke und entfalten im Gehirn eine dämpfende Wirkung.

Andere Medikamente, auf deren Nebenwirkungen Sie achten sollten, sind Schmerzmittel, muskelentspannende Präparate und Antipsychotika.

Eine Narkose stellt für unseren Körper eine starke Belastung dar. In der ersten Zeit nach einem operativen Eingriff ist es daher normal, dass Symptome wie Müdigkeit, Konzentrationsschwierigkeiten, Gedächtnisstörungen oder Verwirrtheit auftreten. Derartige Symptome können bis zu drei Monaten bestehen bleiben.

Alkohol

Dass Alkohol unser Gehirn und unsere geistige Leistungsfähigkeit beeinflusst, weiß jeder, der einmal ein Gläschen zu viel erwischt hat, aus eigener Erfahrung. Während wir den Eindruck haben, dass sich unser Körper von einem Rausch erholt, hinterlässt übermäßiger Alkoholkonsum im Gehirn dauerhafte Schäden. Mehr als die Hälfte aller Alkoholkranker leidet früher oder später an den Folgeerscheinungen des Alkoholmissbrauchs: sie können sich schlecht konzentrieren, sind vergesslich, haben Schwierigkeiten ihre Pläne umzusetzen und ihre Persönlichkeit verändert sich allmählich.

Die schädigende Wirkung von Alkohol ergibt sich nicht nur durch den toxischen Effekt den Alkohol auf Nervenzellen hat, sondern auch aus Folgeerkrankungen wie Leberversagen, Bluthochdruck oder Gefäßerkrankungen. Übermäßiger Alkoholkonsum führt außerdem zu Fehlernährung und Vitaminmangel, vor allem wichtiger B-Vitamine.

Stürze verursachen Schädel-Hirn-Traumen und im schlimmsten Fall Gehirnblutungen.

- *Wernicke-Enzephalopathie:* *Als Wernicke-Enzephalopathie versteht man einen plötzlichen Zustand geistiger Verwirrtheit als Folge von chronischem Alkoholmissbrauch. Die toxische Wirkung von Alkohol, gepaart mit einem Mangel an Vitamin B1 (Thiamin) führt zur Bewusstseinstrübung. Dieses Delirium geht mit Koordinationsstörungen und Störungen der Augenbewegungen einher. Eine Wernicke-Enzephalopathie muss so rasch wie möglich behandelt werden.*

- **Korsakow-Syndrom:** *Als Korsakow-Syndrom wird die Langzeitfolge einer Wernicke-Enzephalopathie bezeichnet. PatientInnen leiden unter schweren Gedächtnisstörungen und können keine neuen Erinnerungen mehr abspeichern. Typisch ist, dass den Betroffenen dieser Verlust oft nicht bewusst ist und alternative unwahre Gedächtnisinhalte konfabuliert werden.*

Wie viel Alkohol verträgt das Gehirn? Lesen Sie mehr ab Seite 192.

DIE ALZHEIMER-KRANKHEIT

„Wenn Leute mich fragen, wie es ist, mit Alzheimer zu leben, dann sage ich immer: Es ist ein Gefühl, als säße ich im Wohnzimmer meiner Großmutter. Ich betrachte die Straße draußen durch ihre Spitzenvorhänge. Die Vorhänge haben Muster mit dicken Knoten, die mir die Sicht versperren. Manchmal bewegen sich die Vorhänge im Luftzug, und ich sehe etwas wieder, und dann schwingt die Gardine zurück, und ich bin wieder abgetrennt von meinen Erinnerungen", berichtet Richard Taylor im Interview mit der Spiegel Reporterin Beate Lakotta (R. Taylor, 2011, S. 246).

Symptome

„Jeder Mensch trägt in seinem Gehirn die Erinnerungen seines Lebens zusammen,
wie ein guter Bauer die Ernte in die Scheune fährt,
damit er im Winter davon leben kann.
Der Winter des Demenzkranken ist jetzt da
und er sucht in der Scheune, was er gesammelt hat.
Sie ist fast leer, aber er muss doch damit auskommen."
(Schloffer u. a., 2009, S. 161)

Die Alzheimer-Demenz betrifft nicht nur das Gedächtnis. Orientierungslosigkeit, Stimmungsschwankungen, Denkschwierigkeiten oder auch Veränderungen der Persönlichkeit sind weitere mögliche Auswirkungen der Krankheit.

Alzheimer kann sich ferner bei der Sprache bemerkbar machen: Sätze werden einfacher und kürzer, später wird Sprache immer weiter reduziert. Möglicherweise werden spontane Sätze mehrmals wiederholt. In seinem (übrigens sehr lesenswerten) Buch „Der alte König in seinem Exil" beschreibt Arno Geiger wie sein Vater, von den Folgen einer langjährigen Demenz bereits stark beeinträchtigt, den Satz „Ich bin ein armer Schlucker" immer wieder unvermittelt wiederholt (Geiger, 2011).

> „Das Neue vergeht vor dem Alten, das Komplexe vor dem Einfachen"
> (Ribot, 2010, S. 94–99)

Betroffene haben zunehmend Schwierigkeiten, praktische Handlungen auszuführen. Anfangs ist nur die Planung komplexer oder außergewöhnlicher Tätigkeiten betroffen, doch später stellen selbst Fähigkeiten, die früher selbstverständlich waren, große Herausforderungen dar: PatientInnen verlernen das Kochen, können nicht mehr Auto fahren oder scheitern daran, sich selbst anzuziehen oder zu waschen.

Im nächsten Kapitel erfahren Sie, wie die Diagnose Demenz gestellt wird und finden heraus, auf welche Warnsignale Sie achten können.

Verlauf

Demenz ist ein fortschreitender Prozess. „Das Neue vergeht vor dem Alten, das Komplexe vor dem Einfachen", beschreibt der französische Psychologe Ribot den zerstörerischen Prozess der Krankheit (Ribot, 2010, S. 94–99).

Der Krankheitsprozess lässt sich grob in drei Stadien einteilen, die jeweils etwa drei Jahre anhalten. Der genaue Verlauf, vorherrschende Symptome und die tatsächliche Dauer der unterschiedlichen Phasen können individuell sehr unterschiedlich sein.

Leichtgradige Demenz:

> *„Als Dr. Alzheimer zum ersten Mal meinen Weg kreuzte,*
> *spielte er mir nur gelegentlich lästige Streiche."*
> *(R. Taylor, 2011, S. 83)*

Zu Beginn der Krankheit sind lediglich komplizierte Tätigkeiten erschwert. Einfache Routineaufgaben können scheinbar problemlos bewältigt werden. Trotzdem beginnt die Krankheit bereits das Alltagsleben zu beeinträchtigen oder den Beruf zu erschweren. So kommt es möglicherweise zu Fehlentscheidungen oder scheinbar unnötigen Fehlern.

Betroffene fühlen sich kraftlos und klagen über Erinnerungslücken, Wortfindungsstörungen oder Desorientiertheit. Wortfindungsstörun-

gen betreffen anfangs zusammengesetzte Worte wie „Bügeleisen"
und Fremdwörter wie „Pyjama". Angehörige beobachten möglicherweise Gereiztheit oder eine bislang ungekannte Langsamkeit.

Mittelgradige Demenz:

> *„Inzwischen weiß ich bestimmt, dass der Punkt erreicht ist,*
> *an dem ich nicht mehr weiß, ob ich etwas weiß oder nicht.*
> *Ich weiß einfach nicht, wenn ich etwas nicht weiß."*
> *(R. Taylor, 2011, S. 86)*

Zunehmend treten Schwierigkeiten bei Alltagstätigkeiten auf. Ängst-
lichkeit, Misstrauen und Traurigkeit machen sich breit. Die Gedächtnisstörungen nehmen immer größere Ausmaße an und betreffen vor
allem neuere Erlebnisse. Zeitweise werden selbst Familienmitglieder
und Freunde nicht erkannt. Die Betroffenen werden langsamer in
Ihrer Reaktion und in Ihrer Sprache. Außerhalb der gewohnten Umgebung verlieren Personen in diesem Stadium der Krankheit regelmäßig die Orientierung.

Schwere Demenz

In der Endphase der Krankheit verlieren PatientInnen gänzlich Ihre
Selbstständigkeit und werden vom Pflegepersonal abhängig.
Sprachstörungen machen eine Kommunikation schwierig bis unmöglich, Angehörige werden nicht mehr erkannt. Durch zunehmenden Appetitverlust und Schwierigkeiten, selbstständig zu essen,
mangelt es häufig an ausreichender Energiezufuhr und die Patient-
Innen werden schwächer und anfällig für Krankheiten.

„Sind wir Menschen nicht oft schon im zarten Alter von 20 Jahren in unseren
Gedanken verloren, wenn wir die erste große Liebe verspüren?
Jeder Mensch wäre gerne – so gesehen – ein Leben lang in dieser Verlorenheit
eingebettet. ... Vielleicht kehrt auch der verlorene Greis seine Gedanken, seinen
Verstand nur nach innen und ist somit in sich selbst verliebt. Nun erst recht gibt
er möglicherweise seiner Existenz, seinem Leben Sinn, der ab nun für den
Betroffenen unteilbar bleibt."
(Eisenburger, Gstöttner, & Zak, 2008, S. 117)

Alzheimer im Gehirn

Die Alzheimer-Demenz lässt sich klar von einer Altersvergesslichkeit unterscheiden. Es handelt sich nicht um einen normalen Alterungsprozess, sondern um eine Krankheit, die die Nervenzellen selber betrifft.

Senile Plaques: Ablagerungen im Gehirn

An der Zellmembran unserer Nervenzellen liegen verschiedene Eiweiße, wie auch das Amyloid-Vorläuferprotein. Normalerweise wird es durch ein Enzym in zwei harmlose kleinere Eiweißstücke zerlegt (siehe Abbildung 8).

Durch den Krankheitsprozess werden zwei andere Enzyme aktiv, die das Eiweiß an unüblichen Stellen zerteilen. So entsteht ein kleines Ei-

> Die Alzheimer-Demenz lässt sich klar von einer Altersvergesslichkeit unterscheiden.

weißstück, das Beta-Amyloid. Dieses verklumpt zwischen den Nervenzellen zu sogenannten senilen Plaques: Eine Alzheimer-typische Ablagerung ist entstanden.

Um die Ablagerungen versammeln sich Mikroglia, die Immunabwehrzellen unseres Nervensystems. Das Bild, das sich unter dem

Mikroskop zeigt, ähnelt dem eines Entzündungsprozesses. Aus diesem Grund wird immer wieder spekuliert, ob Prione oder andere Erreger am Krankheitsprozess beteiligt sind. Diese Annahme hat sich aber bislang nicht bestätigt.

Tangles: Das Grundgerüst der Nervenzellen kollabiert.

Durch eine gesunde Nervenzelle laufen kleine Röhren: die sogenannten Mikrotubuli. Sie sind das Transportsystem unserer Nervenzellen und dienen der Weiterleitung wichtiger Stoffe. Dieses Transportsystem wird durch Fäden stabilisiert. Neurofibrillenbündel, bestehend aus einem Eiweiß namens Tau, sorgen dabei dafür, dass die Mikrotubuli stabil und an der richtigen Position bleiben und halten so die Zellstruktur aufrecht.

Genau dieses Eiweiß, das für die Stabilität verantwortlich ist, verändert sich durch den Alzheimer-Prozess (siehe Abbildung 8). Die Neurofibrillenbündel aus dem Tau-Eiweiß lösen sich von den Röhren, das Tau verklumpt zu sogenannten Tangles. So bricht das Gerüst der Nervenzelle ein und die Nervenzellstruktur fällt in sich zusammen. Dies führt zu einem Absterben der Nervenzelle. Daher sieht man in einem von Alzheimer betroffenen Gehirn weniger Nervenzellen und misst eine Abnahme der Gehirnmasse. Während ein gesundes Gehirn etwa 1,5 kg wiegt, bringt ein krankes Gehirn oft nicht einmal ein Kilogramm auf die Waage.

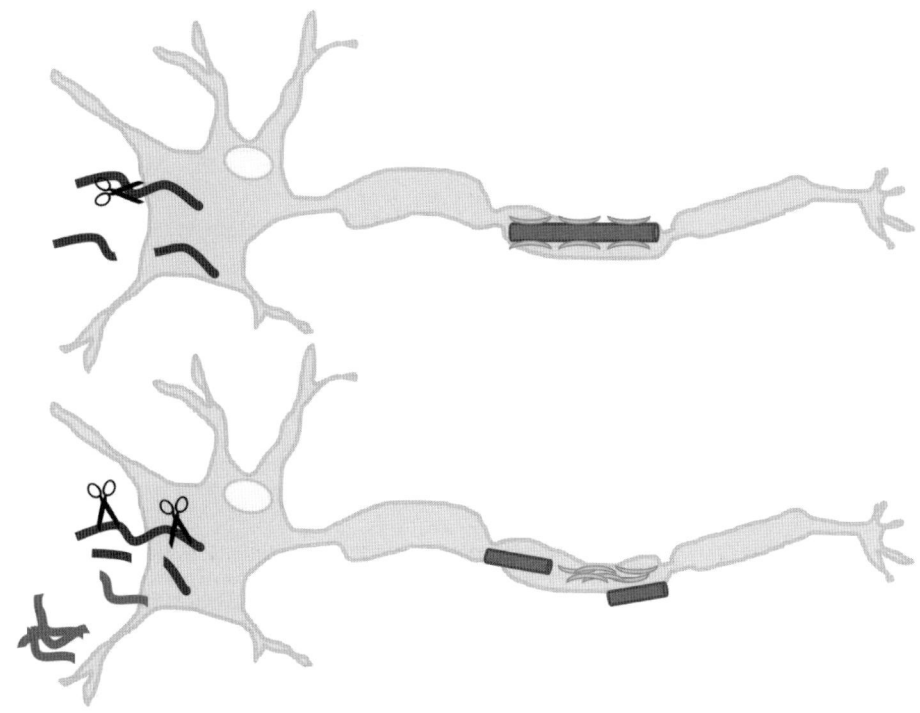

Abbildung 8: Alzheimer: Das Krankheitsbild. Oben: gesunde Nervenzelle (Sie sehen links das Amyloid-Vorläuferprotein, das durch das
Enzym in zwei harmlose Fragmente geteilt wird. Rechts sehen Sie
ein Mikrotubuli, von Neurofibrillen umgeben). Unten: erkrankte
Nervenzelle (Das Amyloid-Vorläuferprotein wird an zwei Stellen
unterteilt, so entsteht das berüchtigte Beta-Amyloid, das außerhalb
der Zelle zu senilen Plaques zusammenklumpt. Rechts sehen Sie,
wie die Neurofibrillen zu Bündeln verklumpen und dadurch die
Mikrotubuli nicht mehr stabilisieren können. Das Mikrotubuli zerfällt
und mit ihm die Zellstruktur).

Als erstes betroffen: die Gedächtniszentrale unseres Gehirns

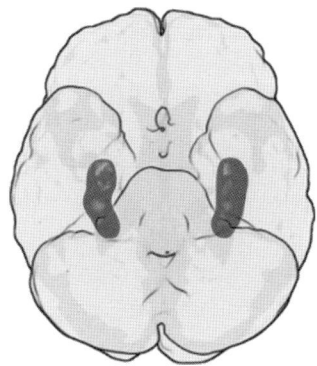

Abbildung 9: Lage der Hippocampi im Gehirn

Die erste Struktur, die von den genannten Veränderungen betroffen ist, ist der Hippocampus. Der Hippocampus liegt gut geschützt an der Basis des Gehirns (siehe Abbildung 9) und ist eine besonders wichtige Struktur für unser Gedächtnissystem. Er ist dafür zuständig, Informationen aus dem Arbeitsspeicher in das Langzeitgedächtnis überzuführen. Dank des Hippocampus können Sie neue Erinnerungen aufbauen und neue Informationen speichern.

Übrigens ist der Hippocampus gleichzeitig auch für Ihren Orientierungssinn zuständig. Er hilft Ihnen dabei, sich in neuen Umgebungen zurechtzufinden.

Denken Sie an das letzte Buch, das Sie gelesen haben. Wahrscheinlich erinnern Sie sich nicht nur an den Inhalt, sondern Sie wissen auch noch genau, wo Sie waren, als Sie das Buch gelesen haben.

Oder erinnern Sie sich noch an Prüfungssituationen aus Ihrer Schulzeit, als Sie genau wussten, wo im Buch die gesuchte Information stand?

Unser Gehirn ist geübt darin, Informationen an Orte zu koppeln, da dieselbe Struktur, die für Ihr Gedächtnis zuständig ist, Ihnen bei der Orientierung hilft: Der Hippocampus.

Morbus Alzheimer betrifft nun als erstes genau diese Struktur und das führt zu den charakteristischen Symptomen: Gedächtnisverlust und Orientierungsschwierigkeiten.

Alzheimer ist keine Alterserscheinung, sondern eine Krankheit. Zwar verliert auch das gesunde Gehirn im Laufe des Lebens an Substanz (siehe S. 28), allerdings liegt diesen normalen Reduktionsprozessen ein anderer Mechanismus zugrunde. Senile Plaques und Tangles finden sich nur im Rahmen einer Alzheimer Demenz. Alterungsprozesse betreffen in erster Linie den Stirnlappen, während bei der Alzheimer-Demenz, wie soeben beschrieben, als erstes der Hippocampus beeinträchtigt ist.

KOMMT EINE WELLE DER DEMENZ AUF UNS ZU?

Die Weltbevölkerung altert, mit wie vielen Fällen von Demenz müssen wir in der Zukunft rechnen? Der Neurologe Richard Mayeux aus New York spricht von einem Tsunami. „Ein Tsunami kommt auf uns zu, und wir sitzen in einem Ruderboot" (Aaron, 2010).

Die Lebenserwartung liegt zurzeit bei 78 Jahren für Männer und 83 Jahren für Frauen. In den letzten zehn Jahren ist die Lebenserwartung um etwa zwei Jahre gestiegen.

Im *World Alzheimer Report von 2009* wurde festgehalten, dass zurzeit weltweit mehr als 35 Millionen Menschen an Alzheimer Demenz leiden. In den nächsten zwanzig Jahren wird mit weiteren 30 Millionen Krankheitsfällen gerechnet. Bis 2050 wird sich die Zahl der Alzheimer-Patienten mehr als verdreifacht haben und nach einer Hochrechnung bei 115 Millionen liegen (Alzheimer's Disease International, 2009).

Anzahl Personen mit Demenz in Millionen

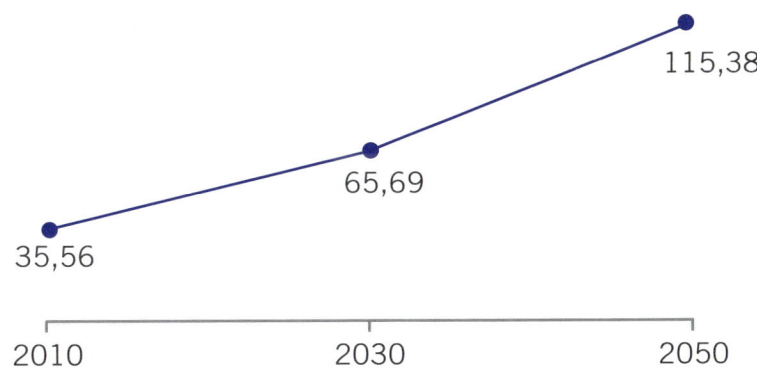

Abbildung 10: aus dem *World Alzheimer Report 2009*

Kein Wunder, dass sich die Angst vor dem Vergessen in der Bevölkerung breit macht.

Wir wollen in diesem Buch der Frage nachgehen, inwieweit wir unser Schicksal selbst in die Hand nehmen können. Finden Sie heraus, wie Sie Ihre geistige Gesundheit bis ins hohe Alter erhalten können.

ZUSAMMENFASSUNG: WAS NEHMEN SIE SICH AUS DIESEM KAPITEL MIT?

- *Demenz ist ein Überbegriff für unterschiedliche Krankheiten. Nicht alle Demenzen sind Alzheimer-Demenzen.*

- *Ein scharfer Sehsinn und ein gutes Gehör sind essentiell für ein gutes Gedächtnis. Nützen Sie darum rechtzeitig Sehhilfen und Hörgeräte.*

- *Mögliche Ursachen für Vergesslichkeit sind Austrocknung, Depression, Nebenwirkungen von Medikamenten und Alkohol.*

- *Die Alzheimer-Demenz betrifft nicht nur das Gedächtnis. Orientierungslosigkeit, Stimmungsschwankungen, Denkschwierigkeiten oder auch Veränderungen der Persönlichkeit sind weitere mögliche Auswirkungen der Krankheit.*

- *Alzheimer Demenz ist keine Alterserscheinung, sondern eine Krankheit. Der Krankheitsprozess führt zu senilen Plaques (Ablagerungen) und Tangles (Instabilitäten im Grundgerüst der Nervenzellen).*

- *Die Anzahl der Alzheimer Patienten wird sich bis 2050 verdreifachen.*

III ALZHEIMER: WARNZEICHEN UND DIAGNOSE

Hier ist Platz für Ihre persönlichen Fragen und Anmerkungen:

WARNSIGNALE.
WIE VIEL VERGESSLICHKEIT
IST NORMAL?

Wir alle kennen Situationen, in denen uns ein Wort nicht einfallen will, der Schlüssel unauffindbar scheint oder wir im Keller stehen und nicht mehr wissen, was wir eigentlich holen wollten. Ab wann müssen wir beginnen, uns Sorgen zu machen? Woran erkennt man eine Alzheimer Krankheit?

> „Ich sehne mich nach dem ‚Zungenspitzenphänomen' – dem Gefühl, dass es da ist und nur eine Frage der Zeit, bis es erscheint. Ich weiß nicht, ob es da ist oder nicht."
> (Richard Taylor) Alzheimerpatient

Es ist schwierig, sich ein Leben mit Alzheimer vorzustellen. Wie und wann merkt man, dass etwas nicht mehr stimmt? Als der texanische Psychologieprofessor Richard Taylor an Alzheimer erkrankt, beginnt er, seine Erfahrungen aufzuschreiben. Sein Buch „Alzheimer und Ich" ermöglicht einen außergewöhnlichen Einblick in die Erlebniswelt der Alzheimer-Demenz:

„Ich muss mir vor nicht allzu langer Zeit, ohne es zu merken, die Zungenspitze abgebissen haben. ... Ich spreche nicht von mehrsilbigen Wörtern. Ich suche nur den Namen meiner Enkeltochter. Ich warte darauf, dass der Name des Profi-Football-Teams, dem ich seit 40 Jahren anhänge, wie ein Bläschen an die Oberfläche meiner bewussten Wahrnehmung aufsteigt. Ich muss doch meine Adresse, meine Telefonnummer, mein Geburtsdatum erkennen und weitergeben können. ... Ich sehne mich nach dem „Zungenspitzenphänomen" – dem Gefühl, dass es da ist und nur eine Frage der Zeit, bis es erscheint. Ich weiß nicht, ob es da ist oder nicht. Ich weiß, dass es womöglich nicht erscheint" (R. Taylor, 2011).

Gedächtnisstörungen im Rahmen der Alzheimer-Demenz gehen über banale Vergesslichkeit hinaus und beeinträchtigen den Alltag der Betroffenen. Die folgende Tabelle hilft Ihnen, zwischen normalem Vergessen und einer möglichen Demenz zu unterscheiden.

Neben dem Gedächtnis können auch andere Bereiche unserer geistigen Leistungsfähigkeit betroffen sein.

Finden Sie heraus, welche Symptome auftreten können.

Warnsignal Gedächtnisstörungen

„Ich kann mich nicht einmal schwach erinnern, etwas versprochen zu haben,
selbst Einzelheiten eines Ereignisses bleiben verschwommen."

(R. Taylor, 2011, S. 146)

	Was ist ein Warnsignal?	Was ist normal?
Vereinbarungen vergessen	Einen Termin vergessen, und nicht mehr wissen, diesen je vereinbart zu haben	Ab und zu einen Termin vergessen
Fragen wiederholen	Dieselbe Frage innerhalb eines Gesprächs immer wieder wiederholen	Erneut nach der Uhrzeit fragen müssen, weil man bei der ersten Antwort nicht hingehört hat
Sätze wiederholen	Während einer Erzählung Sätze wiederholen oder ein und dieselbe Geschichte direkt hintereinander wiederholen	Ein Erlebnis der selben Person nach einiger Zeit erneut erzählen
Notizen	Mit den eigenen Notizen nichts mehr anfangen können (z.B.: Im Notizbuch steht „Geburtstagsge-schenk" aber man kann sich nicht erinnern, für wen man ein Geschenk kaufen wollte.)	Notizen machen und einen Kalender führen

Namen vergessen	Im selben Gespräch mehrmals den gleichen Namen vergessen	Immer wieder einen Namen vergessen, sich aber in den meisten Fällen später wieder daran erinnern
	Nicht nur den Namen vergessen, sondern gar nicht mehr wissen, wer die betreffende Person ist	Eine Person die man länger nicht gesehen hat, nicht sofort erkennen
Gegenstände verlegen	Gegenstände verlegen und nicht mehr Schritt für Schritt zurückdenken können, wo der Gegenstand gelandet ist, andere des Stehlens bezichtigen	Gegenstände verlegen und überlegen, wo man sie zuletzt gesehen hat
	Gegenstände wiederholt an unüblichen Orten ablegen (z.B.: Schlüssel in den Kühlschrank)	Gedankenverloren ab und zu einen Gegenstand an einem unüblichen Ort ablegen

Warnsignal Sprachprobleme

	Was ist ein Warnsignal?	Was ist normal?
Falsche Benennungen	Alltagsgegenstände konsequent falsch benennen (z.B.: den Kühlschrank „Kalt-Kasten" nennen)	Sich versprechen
Wortfindungs-störungen	Den Sprachfluss wegen Wortfindungsstörungen nicht mehr aufrecht halten können; Wortfindungsstörun-gen betreffen alltägliche Ausdrücke	Begriffe, die man nur selten nützt, nicht sofort parat haben
Sprachtempo	Deutlich langsamer spre-chen	
Konzentrations-Schwierigkeiten	Nicht mehr gleichzeitig gehen und sprechen können	Wenn man etwas Wichtiges sagen möchte, kurz stehen bleiben

Warnsignal Schwierigkeiten mit Alltagstätigkeiten

	Was ist ein Warnsignal?	Was ist normal?
Technische Geräte	Schwierigkeiten mit Geräten, mit denen man regelmäßig zu tun hat (z.B.: Mikrowelle, Videorekorder/DVD-Spieler) umzugehen	Bei neuen technischen Geräten oder Funktionen, die man nur selten nützt, Hilfe brauchen
Kochen	Ein gewohntes Rezept nicht mehr kochen können	Ein neues Rezept nicht hinzukriegen
Rechnungen	Monatliche Rechnungen nicht mehr bezahlen oder dieselbe Rechnung mehrmals bezahlen	Bei der Buchhaltung einen Rechenfehler machen
Spiele	Das Lieblingsspiel nicht mehr spielen können	Spielregeln eines neuen Spiels nicht verstehen

Warnsignal Urteilsvermögen

	Was ist ein Warnsignal?	Was ist normal?
Fehlentschei-dungen	Entscheidungen, die man früher gut treffen konnte, nicht mehr sicher zu treffen (z.B.: übertriebene Mengen einkaufen, Vernachlässigen der Körperhygiene)	Hin und wieder eine schlechte Entscheidung treffen, aber im Nachhinein den Irrtum nachvollziehen können

Warnsignal Orientierungslosigkeit

„Vor ein paar Tagen blickte ich von meinem Schreibtisch auf und sah,
dass es 17.00 Uhr war.
Was an und für sich nicht erwähnenswert ist.
Leider war die letzte Uhrzeit, an die ich mich erinnern konnte,
10.00 Uhr gewesen.
Was ist in diesen sieben Stunden meines Lebens geschehen?"
(R. Taylor, 2011, S. 123)

	Was ist ein Warnsignal?	Was ist normal?
Orientierung: Zeit	Monat oder Jahr nicht kennen	im Urlaub den Wochentag oder das Datum nicht nennen können
Orientierung: Raum	Einen bekannten Ort (z.B.: Restaurant) nicht mehr finden	Zu einem neuen Ort nicht auf Anhieb finden

Warnsignal Persönlichkeitsveränderung

	Was ist ein Warnsignal?	Was ist normal?
Hobbys	Alle Hobbys vernachlässigen	Sich ab und zu zurückziehen wollen
Stimmungsänderungen	Allgemein misstrauischer, aggressiver, depressiver zu werden	Hin und wieder einen schlechten Tag haben
Hygiene	Die persönliche Hygiene vernachlässigen	Ab und zu ein Hemd unachtsam verkehrt zuknöpfen oder ein T-Shirt unabsichtlich verkehrt anziehen

Kommen Ihnen Warnsignale bekannt vor?

Vergleichen Sie: Was konnten Sie vor einem Jahr und was können Sie jetzt? Seien Sie ehrlich zu sich selbst.

In vielen Fällen treten erste Symptome in neuen Situationen auf: während eines Urlaubs oder zu Besuch bei neuen Bekannten.

Beachten Sie, dass das Auftreten des einen oder anderen Warnsignals ganz unterschiedliche Ursachen haben kann, wie Prof. Ralf Ihl, Vorstandsmitglied der Hirnliga, einer Vereinigung deutscher Alzheimer Forscher, erklärt: „Viele Men-

„Viele Menschen haben inzwischen Angst an Alzheimer zu erkranken, wenn sie ihren Schlüssel nicht wiederfinden. Dafür besteht meistens kein Grund, denn auch die geistige Leistungsfähigkeit ist Schwankungen unterworfen. Mit zunehmendem Lebensalter können schon kleinste Veränderungen die Funktionsfähigkeit des Gehirns beeinflussen."
(Prof. Ralf Ihl)

schen haben inzwischen Angst an Alzheimer zu erkranken, wenn sie ihren Schlüssel nicht wiederfinden. Dafür besteht meistens kein Grund, denn die geistige Leistungsfähigkeit ist Schwankungen unterworfen. Mit zunehmendem Lebensalter können schon kleinste Veränderungen die Funktionsfähigkeit des Gehirns beeinflussen. So können etwa erhöhter Stress, schlechter Schlaf, falsche Ernährung oder Alkoholkonsum zu einer Beeinträchtigung der Merkfähigkeit führen" (John, 2004).

§ 19: Lassen Sie etwaige Warnsignale ärztlich abklären

Besprechen Sie Warnsignale, die Sie bei sich selbst beobachten, mit Ihrer Ärztin / Ihrem Arzt. Selbst für SpezialistInnen ist es nicht immer einfach, die Grenze zwischen Vergesslichkeit und einer krankhaften Veränderung zu ziehen.

DIE DEMENZ-CHECKLISTE

Forscher der Universität Washington haben eine Checkliste entwickelt, die dabei hilft, frühe Anzeichen einer Demenz zu erkennen: Das sogenannte „AD8 Demenz Screening".

Im Rahmen der Alzheimer-Diagnose spielen Angehörige und nahe Bezugspersonen eine wichtige Rolle. Sie erleben eventuelle Veränderungen mit und können sie von außen beobachten. Deshalb empfehlen die Wissenschaftler, die Checkliste von Angehörigen ausfüllen zu lassen (Galvin u. a., 2005).

Auf der nächsten Seite finden Sie das AD8-Demenz Screening. Kopieren Sie die Seite und geben Sie sie einer Ihnen nahestehenden Person. Bitten Sie sie, zu beurteilen, ob sie in den genannten acht Bereichen Veränderungen beobachtet hat.

AD8 Demenz Screening Interview

Datum: _____

Beachten Sie: „Ja, eine Veränderung" bedeutet, dass innerhalb der letzten Jahre eine Veränderung stattgefunden hat, die durch geistige Probleme (Denkvermögen und Gedächtnis) verursacht wurde.	Ja, eine Verän- derung	Nein, keine Verän- derung	Nicht beur- teilbar
1. Eingeschränktes Urteilsvermögen (z.B.: Schwierigkeiten, Entscheidungen zu treffen; schlechte finanzielle Entscheidun- gen, Probleme beim Denken)			
2. Weniger Interesse an Hobbys/Aktivitäten			
3. Wiederholt dieselben Dinge immer wieder (Fragen, Geschichten oder Äußerungen)			
4. Schwierigkeiten, den Umgang mit neuen Geräten, Anwendungen oder Apparaten zu erlernen. (z.B.: Videorekorder, Computer, Mikrowelle, Fernbedienung)			
5. Vergisst richtiges Monat oder Jahr			
6. Schwierigkeiten, komplizierte finanzielle Angelegenheiten handzuhaben (z.B.: Einkommensteuer, Rechnungen begleichen)			
7. Schwierigkeiten, sich an Vereinbarungen zu erinnern			
8. Tägliche Probleme mit Denk- und/oder Merkfähigkeit			
AD8 ERGEBNIS			

Der AD8 ist ein experimentelles Werkzeug und kann einen Arztbesuch nicht ersetzen.

Interpretation der AD8 Checkliste

Zählen Sie, wie oft die Spalte „Ja, eine Veränderung" angekreuzt wurde.

So beurteilen Sie Ihr Ergebnis:

Ihr Ergebnis: 0 – 1
Normale geistige Leistungsfähigkeit

Sie haben in keinem der genannten Bereiche Veränderungen bemerkt oder nur eine Veränderung festgestellt? Sie können sich gratulieren: Sie sind geistig fit! Sorgen Sie dafür, dass das so bleibt.

Ihr Ergebnis: 2 oder mehr
Wahrscheinlich vorhandene geistige Beeinträchtigung

Der Screening Test ist dafür gemacht, frühe Veränderungen im Rahmen gängiger Demenzen wie der Alzheimer-Demenz, der vaskulären Demenz, der Lewy-Körper-Demenz und der Frontallappendemenz **sehr sensibel** zu erfassen (Galvin u. a., 2005). Der Screening Test alleine reicht nicht aus, um eine Demenz-Erkrankung zu diagnostizieren.

Veränderungen in den genannten Bereichen können unterschiedliche Ursachen haben.

Besprechen Sie Ihr Ergebnis mit Ihrer Ärztin / Ihrem Arzt.

Der AD8 ist ein experimentelles Werkzeug und kann einen Arztbesuch nicht ersetzen.

DER WEG ZUR ÄRZTIN / ZUM ARZT

Wo finden Sie ExpertInnen?

Ihre Hausärztin / Ihr Hausarzt wird Ihnen erste Fragen beantworten können und Ihnen möglicherweise eine Überweisung zu einem Facharzt ausstellen. In vielen Krankenhäusern gibt es eigene Ambulanzen oder Abteilungen, die sich auf Gedächtnisstörungen spezialisiert haben. Sie sehen hier eine Liste mit Einrichtungen/ Institutionen in Österreich, an die Sie sich wenden können. Beachten Sie, dass in den meisten Gedächtnissprechstunden eine Konsultation nur nach telefonischer Terminvereinbarung möglich ist.

Wien

Gedächtnisambulanz AKH Wien
1090 Wien, Währinger Gürtel 18-20
Tel: 01/404 00 35 47

Spezialambulanz für Gedächtnisstörungen AKH Wien
1090 Wien, Währinger Gürtel 18-20
Tel: 01/404 00 31 24

GerontoPsychiatrisches Zentrum
1090 Wien, Sechsschimmelg. 21
Tel: 01/310 00 16

Gedächtnisambulanz SMZ-Süd
1100 Wien, Kundratstr. 3
Tel: 01/601 91 80 51

Gedächtnisambulanz Rosenhügel
1130 Wien, Riedelg. 5
Tel: 01/880 00 257

Memory-Institut Wienerwald
1130 Wien, Jagdschlossg. 59
Tel: 01/ 80 110 3888

Memory Klinik Otto Wagner Spital
1145 Wien, Baumgartner Höhe 1
Tel: 01/910 602 19 30

Memory Clinic SMZ-Ost
1220 Wien, Langobardenstr. 122
Tel: 01/288 02 3050

Niederösterreich
Gedächtnisambulanz Landesklinikum St. Pölten
3100 St. Pölten, Probst Führer Str. 4
Tel: 02742/300 15635

Gedächtnisambulanz Landesklinikum Donauregion Tulln
3430 Tulln, Alter Ziegelw. 10
Tel: 02272/601 32 810

Demenzambulanz LKH Waldviertel Horn
3580 Horn, Spitalg. 10
Tel: 02982/26 61 71 31

Oberösterreich

Gedächtnisambulanz AKH Linz

4020 Linz, Krankenhausstr. 9

Tel: 0732/ 7806 68 10

Memory-Klinik Landes-Nervenklinik Wagner-Jauregg

4020 Linz, Wagner-Jauregg-W. 15

Tel: 05 055462 23532

Steiermark

Neurologische Ambulanz KH der Barmherzigen Brüder

8020 Graz, Bergstr. 27

Tel: 0316/5989 1300

Gedächtnisambulanz Universitätsklinik für Neurologie

8036 Graz, Auenbruggerpl. 22

Tel: 0316/385 83396

Gedächtnisambulanz Landesnervenklinik Sigmund Freud

8053 Graz, Wagner-Jauregg-Pl. 17/E

Tel: 0316/2191 2707

Kärnten

Neurodegenerative Ambulanz LKH Klagenfurt

9026 Klagenfurt, St. Veiter Str. 47

Tel: 0463/538 22776

Gedächtnisambulanz Privatklinik Villach

9504 Warmbad Villach, Dr.-Walter-Hochsteinerstr. 4

Tel: 04242/3044 5660

Salzburg

Gedächtnissprechstunde Christian Doppler Klinik Salzburg

5020 Salzburg, Ignaz Harrer Str. 79

Tel: 0662/4483-3802

Diakonie-Zentrum Salzburg

5020 Salzburg, Guggenbichlerstr. 20

Tel: 0662/ 6385 630

Tirol und Vorarlberg

Gedächtnisambulanz Universitätsklinik für Neurologie

6020 Innsbruck, Anichstr. 35

Tel: 0512/504 238 58

Adressen in Deutschland

Die Hirnliga Deutschland hat Adressen für Diagnosezentren in Deutschland zusammengestellt. Auf ihrer Website können Sie ExpertInnen nach der Postleitzahl suchen:

http://www.hirnliga.de/Frueherkennung/index.html

> In vielen Krankenhäusern gibt es eigene Ambulanzen oder Abteilungen, die sich auf Gedächtnisstörungen spezialisiert haben.

Welche Fragen können Sie erwarten?

Helfen Sie Ihrer Ärztin / Ihrem Arzt dabei, sich ein schnelles und umfassendes Bild zu machen. Überlegen Sie sich, welche Veränderungen Ihnen in der letzten Zeit aufgefallen sind und warum Sie die Praxis aufsuchen.

Möglicherweise will Ihre Ärztin / Ihr Arzt mit Ihren Angehörigen sprechen. Nehmen Sie nach Möglichkeiten jemanden zu Ihrem Arztbesuch mit!

Welche Symptome treten auf?

Wahrscheinlich werden Sie gefragt, ob in einem der folgenden Bereiche Schwierigkeiten aufgetreten sind:

- *Gedächtnis*

- *Sprache*

- *Alltagsbewältigung*

- *Urteilsvermögen*

- *Orientierung*

- *Persönlichkeit*

Im vorangehenden Abschnitt (S. 70) finden Sie Warnsignale, auf die Sie achten können und die Sie Ihrer Ärztin / Ihrem Arzt mitteilen sollten.

Wann haben die Symptome begonnen?

Versuchen Sie sich zu erinnern, wann die Schwierigkeiten angefangen haben. Häufig beginnen Probleme in ungewohnten Situationen, etwa während eines Urlaubs.

Wie steht es um Ihre körperliche Gesundheit?

Um Risikofaktoren zu ermitteln und andere Ursachen auszuschließen, werden Sie nach Ihrer Krankengeschichte gefragt werden. Wenn Sie gut vorbereitet sein wollen, fassen Sie Ihre Krankengeschichte schon im Vorfeld in Stichworten zusammen.

Welche Medikamente nehmen Sie regelmäßig?

Bringen Sie eine Liste der Medikamente mit, die Sie einnehmen.

Gibt es Demenz-Fälle in Ihrer Familie?

Informieren Sie Ihre Ärztin / Ihren Arzt, wenn in Ihrer Familie Demenzen oder andere neurologische Erkrankungen bekannt sind.

Welche neuropsychologischen Tests gibt es?

Um ein sachliches Urteil fällen zu können, verwenden Ärzte neuropsychologische Tests. Diese bestehen aus Denk- und Gedächtnisaufgaben, die Sie möglicherweise an Intelligenztests oder Rätselhefte erinnern.

Mini Mental Status Test

Dieser Test ist am weitesten verbreitet und als Screening-Methode sehr gut geeignet, da er nur wenige Minuten in Anspruch nimmt. Der Mini Mental Status Test misst mithilfe einfacher Fragen Orientierung, Sprache, Aufmerksamkeit, Arbeitsgedächtnis und räumliche Fertigkeiten.

Andere neuropsychologische Tests

Es gibt (noch) keinen standardisierten Test, der überall eingesetzt wird.

Diese Aufgaben, die häufig für Diagnosezwecke verwendet werden, könnten Ihnen gestellt werden:

- *eine Uhr zeichnen, deren Zeiger eine bestimmte Uhrzeit weisen.*

- *sich nach einigen Minuten an Begriffe erinnern, die Ihnen genannt wurden.*

- *abwechselnd Zahlen und Buchstaben in der richtigen Reihenfolge miteinander verbinden.*

Welche körperlichen Untersuchungen erwarten Sie?

Vergesslichkeit, Orientierungslosigkeit, Sprachstörungen … all diese Phänomene können unterschiedliche Gründe haben. Um alle möglichen Ursachen abzuklären, werden möglicherweise einige Untersuchungen gemacht:

- *Blutabnahme.*

- *eventuell CT oder MRT des Gehirns, um Blutungen ausschließen oder eine Verkleinerung des Gehirns feststellen zu können.*

- *in manchen Fällen wird über eine Lumbalpunktion Gehirnflüssigkeit (Liquor) entnommen, um nach Alzheimer-typischen Markern zu suchen.*

Die meisten Untersuchungen dienen dazu, andere Ursachen für demenzähnliche Symptome auszuschließen.

Warum sollten Sie Gedächtnisstörungen abklären lassen?

Wie Sie im nächsten Kapitel erfahren werden, gibt es leider noch keine Therapie, die die Alzheimer-Krankheit stoppen oder sogar heilen kann. Manche stellen sich darum die Frage, wozu sie bei ersten Anzeichen einer Gedächtnisstörung eine Arztpraxis aufsuchen sollten.

Diese Entscheidung können nur die betroffenen Personen selber treffen. Einige Überlegungen sprechen für den rechtzeitigen Arztbesuch:

- *Gedächtnisstörungen und andere geistige Symptome können unterschiedliche Ursachen haben. Viele mögliche Auslöser für Vergesslichkeit lassen sich behandeln. Nützen Sie diese Chance.*

- *Es gibt Medikamente, die den Verlauf von Demenzen positiv beeinflussen können. Diese wirken am besten in der ersten Phase der Krankheit (siehe S. 108) und sollten daher so früh wie möglich verschrieben werden.*

- *Viele Menschen leben mit einer Angst vor Demenz. Ängste und Sorgen beeinträchtigen unsere Lebensqualität. Eine professionelle Abklärung kann Ängste nehmen.*

- *Eine Demenz-Erkrankung führt zu einschneidenden Veränderungen im Leben eines Menschen und seiner Angehörigen. Eine frühzeitige Diagnose ermöglicht Ihnen, Hilfe und Unterstützung zu suchen und für die Zukunft vorzusorgen.*

LEICHTE KOGNITIVE BEEINTRÄCHTIGUNG: VORSTUFE ZUR DEMENZ?

Für die Diagnose der Alzheimer-Demenz müssen in zwei Bereichen messbare Defizite vorhanden sein. Neben Gedächtnisstörungen sind das häufig Orientierungslosigkeit, Sprachstörungen, eingeschränktes Urteilsvermögen oder Persönlichkeitsveränderungen.

Wenn diese Kriterien nicht erfüllt werden, aber Symptome wie Lern- und Gedächtnisstörungen vorhanden sind, spricht man von einer „Leichten Kognitiven Beeinträchtigung" (Englisch: Mild Cognitive Impairment, MCI).

Eigenschaften einer Leichten Kognitiven Beeinträchtigung sind:

- *messbarer Gedächtnisverlust*

- *allgemeine geistigen Fähigkeiten normal*

- *keine Demenz diagnostizierbar*

Eine Leichte Kognitive Beeinträchtigung kann eine Vorstufe einer Demenz darstellen und sich zu einer Alzheimer-Demenz oder vaskulären Demenz weiterentwickeln.

Innerhalb des ersten Jahres nach der Diagnose gilt das für 10-15% der Betroffenen. Das bedeutet, dass von 100 Personen, bei denen eine Leichte Kognitive Beeinträchtigung diagnostiziert wird, 85 bis 90 Personen im ersten Jahr nicht an Demenz erkranken.

Leider steigt das Risiko mit den Jahren. Das Risiko, dass sich innerhalb von 10 Jahren aus einer Leichten Kognitiven Beeinträchtigung eine Demenz entwickelt, liegt bei 65-81% (Hughes, 2011).

Das bedeutet, dass es bei einigen Betroffenen nie zu einer Verschlechterung kommt und sich die Leichte Kognitive Beeinträchtigung selbst Jahre nach der Diagnose nicht in eine Demenz wandelt.

Lesen Sie weiter, um zu erfahren, welche Mittel wir gegen das Fortschreiten einer Erkrankung in der Hand haben.

ZUSAMMENFASSUNG: WAS NEHMEN SIE SICH AUS DIESEM KAPITEL MIT?

- *Es ist normal, hin und wieder etwas zu vergessen. Gedächtnisstörungen gelten als bedenklich, sobald Sie Ihren Alltag beeinträchtigen.*

- *Irren ist menschlich. DemenzpatientInnen scheitern jedoch selbst an Tätigkeiten, die früher selbstverständlich für sie waren.*

- *Vergesslichkeit ist nicht das einzige Symptom einer Demenz. Achten Sie auf Orientierungslosigkeit, Sprachprobleme und ein eingeschränktes Urteilsvermögen.*

- *Oftmals sind es Angehörige, die die ersten Anzeichen einer Demenzerkrankung erkennen.*

- *Stellen Sie keine eigenständige Diagnose, sondern klären Sie etwaige Symptome im ärztlichen Gespräch.*

- *Eine Leichte Kognitive Beeinträchtigung wird dann diagnostiziert, wenn keine Demenz vorliegt, die geistige Leistungsfähigkeit aber messbar eingeschränkt ist. Eine Leichte Kognitive Beeinträchtigung kann sich verschlechtern und zu einer Alzheimer Demenz oder vaskulären Demenz werden.*

IV THERAPIE DER ALZHEIMER DEMENZ

Hier ist Platz für Ihre persönlichen Fragen und Anmerkungen:

MEDIKAMENTE VERZÖGERN DAS VERGESSEN

Therapie: Der Alzheimer-Prozess lässt sich verlangsamen

Es gibt einige Medikamente, die im Kampf gegen die Alzheimer Krankheit eingesetzt werden können. Diese wirken allerdings leider rein symptomatisch und können nicht den Krankheitsprozess selbst stoppen.

Fehlende Botenstoffe ausgleichen: Cholinesterasehemmer

Ein Gehirn, das von Alzheimer betroffen ist, leidet unter einem Mangel an wichtigen Botenstoffen, wie etwa Acetylcholin.

Cholinesterasehemmer verhindern den Abbau von Acetylcholin, damit dessen Spiegel wieder ansteigt. Durch die Medikamente wirkt Acetylcholin, das von Nervenzellen ausgeschüttet wird, länger, weil es nach seiner Ausschüttung nicht so schnell abgebaut werden kann.

Sobald der Krankheitsprozess so weit vorangeschritten ist, dass kaum noch Acetylcholin von den Nervenzellen ausgeschüttet wird, haben die Cholinesterasehemmer keine Wirkung mehr. Folglich sind Cholinesterasehemmer die Mittel der ersten Wahl bei leichter Demenz. Je früher man sie einsetzt, desto besser. Unterbrechungen der Einnahme sollten auf jeden Fall vermieden werden.

Mehrere Substanzen wirken als Cholinesterasehemmer. Beispiele sind Galantamin, Donepezil und Rivastigmin.

Im Handel werden diese Wirkstoffe unter anderem unter den folgenden Namen vertrieben: Galnora®, Aricept®, Reminyl®, Exelon® oder Nimvastid®.

Störendes Hintergrundrauschen verhindern: Memantin

Für die Botenstoffe in unserem Gehirn gibt es Andockstellen, Rezeptoren genannt. Einer von ihnen ist der sogenannte NMDA-Rezeptor, er spielt eine wichtige Rolle für Lernprozesse und ist die Andockstelle für den Botenstoff Glutamat. Experten vermuten, dass ebendieser Botenstoff nach einer Signalübertragung nicht ausreichend abgebaut wird. Durch die anhaltende Aktivierung entsteht eine Art Rauschen, wodurch neue Signale weniger gut wahrgenommen werden können.

Memantin blockiert nun die Andockstellen und verhindert so das störende Rauschen.

Der Wirkstoff Memantin gilt als Mittel der Wahl in späteren Stadien einer Alzheimer Demenz und kann mit Cholinesterasehemmern kombiniert werden.

In der Apotheke wird Memantin unter den Namen Axura® oder auch Ebixa® verkauft.

Alternativen: Cerebrolysin und Ginkgo Biloba

Nicht alle PatientInnen vertragen Cholinesterasehemmer. Bei Unverträglichkeit werden möglicherweise alternative Medikamente eingesetzt. Cerebrolysin scheint sich positiv auszuwirken. In Tierexperimenten konnte gezeigt werden, dass dieser Wirkstoff das Nervenwachstum fördert und die Eiweiße, die in den Ablagerungen vorkommen, vermindert. Allerdings muss Cerebrolysin intravenös verabreicht werden.

Ginkgo Biloba wird ebenfalls bei Unverträglichkeit anderer Medikamente zur Therapie der Alzheimer Demenz empfohlen (Dal-Bianco, 2009). Eine vorbeugende Wirkung von Gingko Biloba konnte allerdings nicht nachgewiesen werden (siehe S. 191).

Prophylaxe: noch gibt es keine Medikamente, die erwiesenermaßen wirksam sind

> Ärzte können zurzeit leider keine Medikamente zur Prophylaxe der Alzheimer-Demenz empfehlen, da für keine einzige Substanz ein wissenschaftliches Gutachten vorliegt, das die Wirksamkeit tatsächlich belegt.

Wer abends den Fernseher einschaltet oder einen Blick in die Regale der Apotheke ums Eck wirft, weiß, wie viele Medikamente angepriesen werden, die uns „geistig jung" halten sollen. Viele Menschen sind bereit, irgendwelche Medikamente einzunehmen, um eine mögliche Demenz zu verhindern. Der Markt ist sehr groß. Beweise für die Wirksamkeit solcher Pharmaka sind allerdings sehr dürftig, zurzeit können Sie sich das Geld demnach noch sparen. Der Leiter der Ambulanz für Gedächtnisstörungen und Demenzerkrankungen im Wiener AKH, Prof. Dal-Bianco drückt es klar aus: „Cholinesterasehemmer, Hormonersatztherapie, Vitamin E, C, B1, B6, B12, DHEA und alpha-Liponsäure werden aufgrund mangelnden Wirknachweises auch bei erhöhtem genetischen Alzheimer-Demenz-Risiko nicht empfohlen." (Dal-Bianco, 2009, S. 67). Auch er empfiehlt Personen, vor allem jenen, die unter zunehmender Vergesslichkeit leiden, stattdessen eine Modifikation des Lebensstils: körperliche Aktivität, geistige Herausforderung, soziale Kontakte und eine gesunde Ernährung. Zu all diesen Punkten später mehr.

Im vorigen Kapitel haben Sie erfahren, dass bei messbaren Gedächtnisstörungen die Diagnose „Leichte Kognitive Beeinträchtigung" (Englische Abkürzung: MCI) gestellt werden kann (siehe S. 103). Manche Patienten mit dieser milden Variante entwickeln später tatsächlich eine Demenz. Leider gibt es noch keine Medikamente, die diese Entwicklung verzögern oder verhindern können, wie Dal Bianco bestätigt: „Patienten mit MCI können derzeit keine Medikamente zur Verhinderung der Konversion in eine Alzheimer-Demenz empfohlen werden" (Dal-Bianco, 2009, S. 67).

LEBEN MIT DEMENZ: UNTER-STÜTZENDE STRATEGIEN

Ergänzende unterstützende Maßnahmen lassen sich in drei Bereiche einteilen:

Gehirntraining

körperliche Gesundheit fördern

seelisches Wohlbefinden fördern

Geistige Fähigkeiten unterstützen

Orientierungshilfen:

Die Alzheimer-Demenz führt zu Orientierungsschwierigkeiten. Betroffene sind sich oft nicht sicher, wo sie sind und verlieren ihr Zeitgefühl. Manche von ihnen wünschen sich, regelmäßig informiert zu werden, wo sie sind, wie sie da hingekommen sind und was gerade passiert ist. Diese Informationen können etwa zur Begrüßung angeboten werden (R. Taylor, 2011).

Ratgeber empfehlen häufig, einen Kalender an einer fixen Stelle aufzuhängen, den aktuellen Tag zu markieren und alle Ereignisse deutlich einzutragen.

Gedächtnishilfen und Gedächtnistraining

Im Vordergrund steht das gezielte Training von Alltagstätigkeiten. Das Gedächtnis sollte dort gestützt werden, wo es am meisten gebraucht wird (Owen u. a., 2010).

- *Bei der **leichtgradigen Demenz** können einzelne Alltagstätigkeiten gezielt geübt werden. Routinen und Rituale vermitteln Sicherheit. Externe Gedächtnishilfen wie Notizzettel können zielgerichtet eingesetzt werden. Zusätzlich stehen in dieser Phase emotionale Aspekte im Vordergrund, die Entwicklung von Strategien für den Umgang mit dem zunehmenden Verlust von Fähigkeiten.*

- *Gedächtnistraining bei einer **mittelgradigen Demenz** konzentriert sich auf Erinnerungen an früher. Automatismen, wie etwa für die eigene Körperhygiene, können gezielt aufgebaut oder aufrechterhalten werden.*

- *Bei der **schweren Demenz** kann nur noch auf früher automatisierte Verhaltensweisen zurückgegriffen werden. Hauptaugenmerk liegt auf Aktivierung und Stimulation der PatientInnen.*

Körperliche Gesundheit fördern

Bewegungstherapie und Aktivierungsübungen haben zum Ziel, PatientInnen so lange wie möglich mobil zu halten. Eine ausgeglichene Ernährung ist wichtig, um dem Körper die notwendigen Nährstoffe zuzufügen. Bei Energiemangel wird im Ernstfall auf Trinknahrung zurückgegriffen.

Bei nächtlicher Unruhe hat sich eine abendliche Lichttherapie bewährt, sie soll helfen, den Tag-Nacht-Rhythmus aufrecht zu halten.

Seelisches Wohlbefinden fördern

„Der Mensch muss erleben, dass er etwas wert ist,
dass er etwas bewirkt,
dass er selbstständig handeln kann
und dass sein Leben sinnvoll ist,
um gesund und wohl leben zu können."
(Eisenburger u. a., 2008)

Damals ...

Erinnerungen an früher können positive Gefühle wecken. Generell ist Wiedererkennen immer einfacher als das eigenständige Erinnern. Gegenstände von früher, die Sie etwa auf einem Flohmarkt oder auf dem Dachboden finden, können Erlebnisse aus der Vergangenheit in Erinnerung rufen.

Musik, etwa Schlager von damals, sollte nicht nur nebenbei, sondern bewusst gehört werden.

Erzählungen, die Hinweisreize an frühere Zeiten enthalten, können Erinnerungen wecken. Ansprechende Geschichten finden Sie beispielsweise in dem Buch „Als die Kaffeemühle streikte: Geschichten zum Vorlesen für Demenzkranke" (Strätling, 2011).

Kreativität

Tanzen, Malen, Basteln, Musizieren … kreative Tätigkeiten sind ein wahres Wundermittel gegen unliebsame Begleiterscheinungen einer Demenzerkrankung: Unruhe, Traurigkeit, Schlaflosigkeit und auch Aggressivität können durch freudvolle Aktivitäten vermindert werden. Gezielte Programme fördern das soziale Verhalten und die Orientierung der PatientInnen.

Lebensqualität

Im Fokus der Demenzbetreuung steht die Förderung der Lebensqualität, das Genießen des Augenblicks: Weiterleben, nicht nur ans Sterben denken.

So bittet der Alzheimer-Patient Richard Taylor etwa, dass auch über Gegenwart und Zukunft gesprochen wird, und nicht nur über die Vergangenheit und betont immer wieder, dass er es unangenehm findet, wenn ihm alles abgenommen wird. Er wünscht sich, dass ihm ab und zu ein wenig Verantwortung übergeben wird (R. Taylor, 2011).

SECHS RATSCHLÄGE FÜR ANGEHÖRIGE: D-E-M-E-N-Z

Der Psychiater und Neurologe Ezio Giacobini erwähnt, wie belastend die Pflege von Betroffenen für die Angehörigen ist: „Die Kinder der Alzheimer-Patienten sind die wahren Patienten." (Giacobini, 2012).

Die Betreuung eines nahen Angehörigen ist eine außergewöhnliche Herausforderung und es gibt nicht die eine rettende Strategie, die für alle Familien funktioniert. Die Kunst ist es, für sich selber einen Weg für das Leben mit Demenzkranken zu finden. Die folgenden sechs Ratschläge sollen dabei helfen.

D ▶ Denk auch an dich

E ▶ Ehrlich sein

M ▶ Miteinbeziehen

E ▶ Erwachsen behandeln

N ▶ Nachsichtig sein

Z ▶ Zeit geben

D – Denk auch an dich!

Wenn es Ihnen nicht gut geht, geht es Ihrem Angehörigen ebenfalls schlecht. Gönnen Sie sich Auszeiten, ganz ohne schlechtes Gewissen und tanken Sie so neue Energien.

Schaffen Sie eine angenehme Atmosphäre. Ablenkungen und Lärm beanspruchen nicht nur Ihre Nerven, sondern auch die der/des PatientIn.

Suchen Sie sich Unterstützung! Sie sind nicht alleine. Besuchen Sie Informationsveranstaltungen und finden Sie Menschen, die selber Pflegeerfahrung haben.

Hilfreiche Adressen:

Alzheimer Austria: **_www.alzheimer-selbsthilfe.at_**

Deutsche Alzheimer Gesellschaft: **_www.deutsche-alzheimer.de_**

Alzheimer Forum: **_www.alzheimerforum.de_**

E - Ehrlich sein

Eine demente Person spürt, wenn sie angelogen oder ausgetrickst wird. PatientInnen sind auf Ihre PflegerInnen angewiesen, sie möchten und müssen ihnen vertrauen können.

M - Miteinbeziehen

Sprechen Sie in Anwesenheit der Betroffenen nicht so, als ob sie nicht da wären. Bemühen Sie sich, sie ins Gespräch einzubinden und direkt anzusprechen wenn Sie über sie sprechen. Ignorieren Sie PatientInnen nicht.

E – Erwachsen behandeln

Der Verlauf einer Demenz-Erkrankung wird häufig mit der Entwicklung eines Kindes verglichen. Und doch lässt sich ein Demenz-Patient nicht mit einem Kind gleichsetzen. Während sich ein Kind vorwärts entwickelt und jeden Tag neues dazulernt, ist dieser Prozess bei der Demenz umgedreht. Ein Vorgang, den Angehörige wie Betroffene schmerzlich beobachten. „Ich bin kein Kind. Auch wenn ich mich manchmal kindhaft verhalte; überprüft es nur – ICH BIN KEIN KIND" (R. Taylor, 2011, S. 177).

Es ist eine natürliche Reaktion, lauter zu sprechen wenn man das Gefühl hat, nicht verstanden zu werden. Aber: Alzheimer betrifft das Gehirn, nicht die Ohren. PatientInnen verstehen Sie nicht besser, nur weil sie lauter sprechen.

N - Nachsichtig sein

Aggressivität, Unberechenbarkeit, Gefühlsausbrüche … Angehörige werden mit vielen unangenehmen und anstrengenden Situationen konfrontiert. Versuchen Sie zu sehen, welche Anteile durch die Krankheit verursacht werden und nehmen Sie Angriffe nicht persönlich.

Z - Zeit geben

Wir gehen schneller als PatientInnen gehen können, sprechen schneller als sie uns folgen können, unterbrechen sie im Gespräch oder antworten für sie, anstatt auf die Antwort zu warten. Denkprozesse werden im Rahmen der Alzheimer-Krankheit verlangsamt. Eilen Sie sich nicht, sondern geben Sie PatientInnen die Zeit, die sie brauchen.

„… es hilft mir wirklich bis zehn zu zählen bevor ich für Iris antworte …" (John Goodman in Schweitzer & Bruce, 2008).

ZUKUNFTSHOFFNUNGEN: AKTUELLE FORSCHUNGEN

„Inzwischen lese ich die regelmäßig in der allgemeinen Presse erscheinenden Artikel über „Durchbrüche" in der Alzheimer-Forschung überhaupt nicht mehr."
(R. Taylor, 2011, S. 71)

Prof. Konrad Beyreuther forschte jahrelang an den Ablagerungen, die Alzheimer in Gehirnen verursacht und war maßgeblich an der Entschlüsselung ihrer chemischen Struktur beteiligt. 2012 rechnete er in einem Interview vor, dass weltweit etwa 25000 NeurowissenschaftlerInnen über Alzheimer forschen: „… auf 1000 Alzheimerpatienten kommt ein Forscher – aber wir haben bis heute keine Therapie" (Beyreuther in Jahn & Zeibig 2012).

Warum?

Im nächsten Kapitel werden Sie mehr über mögliche Ursachen der Alzheimer Demenz erfahren. Wenn Sie drei Neurologen nach dem Auslöser der Krankheit fragen, werden Sie drei verschiedene Antworten bekommen. Der genaue Krankheitsprozess, Ursachen und Auslöser sind noch unbekannt. Und genau das macht es so schwierig, den Ausbruch der Krankheit zu verhindern.

Die Hoffnung auf eine Impfung

Eine Impfung gegen Alzheimer würde die Krankheit kontrollierbar machen.

Nachdem eine aktive Impfung bei Mäusen bereits erfolgreich war und die Anzahl von Ablagerungen in den Nagetiergehirnen reduzieren konnte, wurden erste klinische Versuche mit Menschen gestartet. Mit Erfolg: Durch eine aktive Impfung konnten die senilen Plaques in Gehirnen von Alzheimer-PatientInnen um bis zu 30 % gesenkt werden. Die Enttäuschung kam 2010, als die Ergebnisse der Langzeit-Beobachtungen der 80 behandelnden Personen bekannt wurden: die Impfung führte teilweise zu schweren Nebenwirkungen und brachte keinerlei Besserung der Demenz-Symptome. Im Vergleich zur Kontrollgruppe hatten die geimpften PatientInnen kein besseres Gedächtnis, keinen besseren Orientierungssinn und keine erhöhte Überlebenschance (Boche, Denham, Holmes, & Nicoll, 2010).

Diese Ergebnisse haben die erste Euphorie um eine mögliche Alzheimer-Impfung gedämpft. Verschiedene Forschungsteams arbeiten allerdings trotzdem weiter an diesem Ansatz.

Warum bringt die Impfung gegen Alzheimer-Ablagerungen keine klinischen Erfolge? Wie Sie noch erfahren werden (siehe S. 126), steht die Anzahl an senilen Plaques im Gehirn nicht immer in Relation zu den tatsächlichen Symptomen. Es scheint, als ob die Ablagerungen alleine nicht die einzige Ursache für Vergesslichkeit und andere Defizite darstellen.

Aktuelle Forschung: das Puzzle zusammenfügen

Im März 2012 fand der sechste Weltkongress für Kontroversen in der Neurologie *The 6th World Congress on Controversies in Neurology* in Wien statt. ExpertInnen aus aller Welt verglichen Ihre aktuellen Erkenntnisse in der Demenz-Forschung. In einer Sache waren sich die NeurologInnen und PsychiaterInnen einig: Es gibt noch zahlreiche offene Fragen.

> Vielleicht gibt es nicht das eine Medikament das man einnehmen kann, um die Krankheit zu verhindern. Es gibt ja auch nicht die eine medizinische Lösung gegen einen Herzinfarkt.

Michael Krams, Vize-Präsident des Pharmakonzerns Johnson & Johnson fasste zusammen: „Wir sehen das Gesamtbild nicht", und der slowakische Universitätsprofessor Michael Novak fügte hinzu: „Es gibt jede Menge klinische Studien, aber keine Ergebnisse. Wir sollten umdenken!". ExpertInnen sind an einem Punkt angekommen, an dem sie ihr bisheriges Bild der Alzheimer-Krankheit hinterfragen. Viele glauben nicht mehr an eine einzige Ursache für die Krankheit. So auch der britische Gehirnforscher Roger Bullock, der Demenz mit einem Herzinfarkt vergleicht: Es gibt nicht eine einzige

Ursache für einen Herzinfarkt, sondern ein Herzinfarkt wird durch mehrere Faktoren verursacht. Und so könnte es mit der Demenz ebenfalls sein: Vielleicht gibt es nicht die eine Ursache und eben auch nicht das eine Medikament, das man einnehmen kann, um die Krankheit zu verhindern. Es gibt ja auch nicht die eine medizinische Lösung gegen einen Herzinfarkt.

Aus diesem Grund setzen WissenschaftlerInnen vermehrt auf die Vermeidung von Risikofaktoren: „Es geht nicht darum, ein Medikament zu entdecken. Es ist eine Sache des Lebensstils. Pharmakonzerne wollen das nicht hören, aber wir können mit dem, was wir machen, beeinflussen, was in unserem Gehirn passiert" (Gage in Strauch, 2010, S. 139).

In den nächsten Kapiteln werden Sie mehr darüber erfahren, wie Sie Ihr allgemeines Risiko senken können.

ZUSAMMENFASSUNG: WAS NEHMEN SIE SICH AUS DIESEM KAPITEL MIT?

- *Es gibt einige Medikamente, die im Kampf gegen die Alzheimer Krankheit eingesetzt werden können. Diese wirken allerdings rein symptomatisch und können nicht den Krankheitsprozess selbst stoppen.*

- *Ärzte können zurzeit leider keine Medikamente zur Prophylaxe der Alzheimer Demenz empfehlen, da für keine einzige Substanz ein wissenschaftliches Gutachten vorliegt, das die Wirksamkeit tatsächlich belegt.*

- *Bewegung, Aktivierung, Gedächtnishilfen, Lebensqualität. Ergänzend zur medikamentösen Therapie gibt es Möglichkeiten, Alzheimer PatientInnen zu unterstützen.*

- *Wahrscheinlich gibt es nicht eine einzige Ursache für die Alzheimer Demenz. Darum gestaltet sich die Entwicklung eines Medikaments schwierig.*

- *Im Kampf gegen die Alzheimer Demenz wird in Zukunft vor allem die Vermeidung von Risikofaktoren eine große Rolle spielen.*

V WER ERKRANKT UND WER NICHT?

Hier ist Platz für Ihre persönlichen Fragen und Anmerkungen:

IST DEMENZ VERERBBAR?

Genetisch gesehen gibt es zwei unterschiedliche Varianten der Alzheimer-Demenz:

- *familiäre Alzheimer-Demenz: stark erblich, aber sehr selten*

- *normale Alzheimer-Demenz: nur zu einem geringen Teil vererbt*

Die familiäre Demenz ist eine seltene Variante der Alzheimer Demenz

Die Variante der Alzheimer-Demenz, die dominant vererbt wird, ist äußerst selten und betrifft nur etwa 5% der Alzheimer-Fälle. Diese Variante der Demenz ist durch einen besonders frühen Krankheitsbeginn gezeichnet. Familienmitglieder betroffener Familien erkranken bereits vor dem 65. Lebensjahr.

Die übliche Alzheimer-Demenz wird nur zu einem geringen Teil vererbt:

Mehrere Gene sind im Verdacht, an der Entstehung der Alzheimer-Krankheit beteiligt zu sein, am wichtigsten ist das sogenannte ApoE-Gen.

Dieses Gen befindet sich in unserem Genom auf Chromosom 19. Eine bestimmte Variante, Nummer 4 (ApoE4), ist mit einem erhöhtem Risiko, an Alzheimer zu erkranken, verbunden. Etwa 15% der Bevölkerung besitzen diese Genvariante, das ist in etwa jeder 7. unter uns.

Die anderen 85% sind allerdings nicht absolut vor der Krankheit geschützt. Von allen Personen, die an Alzheimer erkranken, besitzen nur etwa 40% die entscheidende Gen-Variante (Strittmatter & Roses, 1995). Das bedeutet, dass mehr als die Hälfte der Alzheimer-PatientInnen keinerlei genetisches Risiko tragen und trotzdem erkrankten.

Das genetische Risiko beeinflusst in erster Linie den Zeitpunkt des Ausbruchs der Krankheit. PatientInnen, die die ApoE4-Variante in ihrem Genom haben, erkranken im Durchschnitt mit 70 Jahren, während PatientInnen ohne dieser Variante erst mit 90 Jahren die ersten Symptome zeigen (Corder u. a., 1994).

Eine Frage, die viele Angehörige beschäftigt, ist: „Meine Mutter ist an Alzheimer erkrankt, erwartet mich das gleiche Schicksal?"

Studien mit eineiigen Zwillingen zeigen, dass es nicht die Gene alleine sein können, die unser Schicksal bestimmen.

Das Risiko, an der Alzheimer Krankheit zu erkranken, steigt mit dem Alter. Wir alle können erkranken und je älter wir werden, desto größer ist unser Risiko. Für Personen, die Angehörige ersten Grades haben, die an der Krankheit leiden, steigt dieses Risiko etwa auf das Doppelte (Lautenschlager u. a., 1996).

Die Antwort für die besorgten Angehörigen lautet: „Ja, das Risiko steigt, aber niemand kann mit Sicherheit vorhersagen, wer erkranken wird und wer nicht. Für Personen mit Fällen von Alzheimer in der engen Familie ist es besonders wichtig, auf Ihre körperliche und geistige Gesundheit zu achten."

> „Die Alzheimer Krankheit ist leider sehr häufig wenn wir älter werden, darum ist jeder gefährdet, mit oder ohne familiäre Belastung."
> (Budson & Solomon, 2011, S. 57)

Es sind nicht die Gene alleine, die bestimmen, wer erkrankt und wer nicht. Lesen Sie weiter, um herauszufinden, welche Faktoren Sie möglicherweise selber in der Hand haben.

WIDERSTANDSFÄHIG GEGEN ALZHEIMER?

„Mir wurde letztendlich klar, dass ich mich vielleicht nicht mehr an
Ihn erinnern würde, aber Er wird sich an mich erinnern."
(Schwester Laura in Snowdon, 2002, S. 120)

Alzheimer ist eine Krankheit, die unser Gehirn befällt, sie führt unter anderem zu Ablagerungen, den senilen Plaques (siehe S. 74). Klinisch treten Symptome wie Gedächtnisverlust und Orientierungslosigkeit auf.

In einer großangelegten Studie vervollständigten mehr als 600 ältere Frauen regelmäßig Gedächtnistests. Einige von ihnen blieben bis ins hohe Alter geistig fit und konnten die schwierigsten Testaufgaben noch lösen. Andere zeigten die typischen Symptome einer Alzheimer-Demenz.

Snowdons weltberühmte Studie ist unter dem Namen „Nonnenstudie" bekannt, da alle seine Versuchspersonen Nonnen eines Lehrerinnen-Ordens (School Sisters of Notre Dame) waren. Eine solche Begrenzung der Versuchsteilnehmerinnen birgt die einzigartige Chance, Personen, die unter ähnlichen Lebensumständen leben, miteinander zu vergleichen. Alle Nonnen sind denselben Umgebungsfaktoren ausgesetzt und haben einen vergleichbaren Lebensstil. Trotzdem unterschieden sie sich im hohen Alter in ihrer geistigen Leistungsfähigkeit. So können die ForscherInnen Ursachen und Risikofaktoren der Alzheimer-Demenz erkennen.

Nach dem Tod der Studienteilnehmerinnen hatten die Wissen-schaftlerInnen die Chance, die Gehirne der Ordensschwestern zu untersuchen und zu vergleichen, wie viele Ablagerungen sich tat-sächlich gebildet hatten.

Vermuten Sie jetzt, dass Frauen, die die Gedächtnistests erfolgreich bestanden, keine Zeichen der Alzheimer-Krankheit im Gehirn ha-ben konnten?

Sie nehmen an, dass diejenigen Versuchspersonen, die zu Lebzei-ten vergesslicher wurden, eindeutig unter Alzheimer-typischen Ver-änderungen im Gehirn litten?

Dann werden Sie ebenso überrascht sein wie das Forschungsteam rund um David Snowdon.

In seinem Buch „Aging with Grace", beschreibt Snowdon die Ver-wunderung unter den Fachleuten, als sie den Befund eines der un-tersuchten Gehirne in Händen hielten:

„Die mikroskopische Analyse ihres Gehirngewebes ließ keinen Zwei-fel offen, dass sich die Alzheimer-Krankheit weit ausgebreitet hatte. Tangles (zusammengebrochene Nervenzellstrukturen, siehe S. 75) verstopften ihren Hippocampus (Die Gedächtniszentrale unseres Gehirns, siehe S. 77) und ihre Großhirnrinde. ... Im Großhirn fand sich außerdem eine Fülle von senilen Plaques (Ablagerungen, siehe S. 74). ... Markesbery reihte sie in Stufe VI ein, mit der die am stärks-ten ausgeprägte Form der Alzheimer Krankheit angegeben wird (siehe S. 129). „Ich vermute, ihr werdet mir jetzt sagen, dass sie geistig gesund war", scherzte er am Ende seines Berichts. Zu die-sem Zeitpunkt hatte er sich bereits an die gelegentlichen Wider-sprüche zwischen seinen Laborergebnissen und Rileys kognitiven

Aufzeichnungen gewöhnt. Alle Augen richteten sich auf Riley. „Ja",
sagte Riley, „sie war geistig gesund. Sie erzielte normale Ergebnisse
bei jedem einzelnen unserer geistigen und körperlichen Test"
(Snowdon, 2002, S. 98).

Faszinierend! Was war das Geheimnis dieser Frau, die offensichtlich
bis ins hohe Alter geistig fit und gesund war, obwohl ihr Gehirn bereits deutliche Alzheimer-Zeichen zeigte?

> Was war das Geheimnis dieser Frau, die offensichtlich bis ins hohe Alter geistig fit und gesund war, obwohl ihr Gehirn bereits deutliche Alzheimer-Zeichen zeigte?

Das entscheidende Ergebnis der beschriebenen Langzeitstudie war gerade dieser Widerspruch zwischen Gehirn-Befunden und neuropsychologischen Tests.

Das bedeutet, dass selbst Personen, deren Gehirne massive Alzhei-
mer-Symptome zeigten, vollkommen beschwerdefreie Leben führ-
ten und selbst die kniffligsten Testaufgaben lösen konnten.

Nach Braak werden Abbau-Erscheinungen im Gehirn in sechs Stadien eingeteilt (Braak u. a., 2003). Snowdon und seine KollegInnen
fanden heraus, dass nur ein Teil der Personen, deren Gehirne betroffen waren, tatsächlich Symptome zeigten. Je weiter die Krankheit fortgeschritten war, desto eher zeigten sich auch klinische
Merkmale:

- *Milde Alzheimer-Zeichen im Gehirn: In den Braak-Stadien I und II finden sich erste Anzeichen einer Alzheimer-Krankheit im Gehirn. In dieser Phase zeigen 22% der Betroffenen bereits Symptome, obwohl das Gehirn erst leicht befallen ist.*

- *Moderate Alzheimer-Zeichen im Gehirn: Braak Stadien III und IV sind von deutlichen Läsionen des Gehirns geprägt. Selbst in dieser Phase lassen sich nur bei 43% der Betroffenen tatsächlich Ausfälle in neuropsychologischen Tests nachweisen.*

- *Schwere Alzheimer-Zeichen im Gehirn: Die Braak Stadien V und VI stellen die schwersten Formen der Alzheimer-Erkrankung des Gehirns dar. Jetzt sind bereits 70% der Betroffen klinisch nachweislich dement und zeigen entsprechende Symptome. Das bedeutet aber auch, dass es 30% gibt, die bereits schwerwiegende Veränderungen im Gehirn zeigen, aber unter keinerlei Symptomen leiden (Snowdon, 2002).*

Einige Nonnen hatten scheinbar im Kampf gegen die Alzheimer Krankheit besser Karten. Wie ist das möglich?

RESERVEKAPAZITÄT: UNSER GEHIRNVORRAT FÜR SCHLECHTE ZEITEN

Unser Gehirn hat die Fähigkeit, Schäden zu kompensieren. Diesem schützenden Faktor, der sogenannten geistigen Reservekapazität oder „Cognitive Reserve", widmet sich Yaakov Stern von der Universität Columbia in New York.

Yaakov Stern erklärt die Idee der Reservekapazität anhand eines Vergleichs zwischen zwei Schwimmern: „Wenn Sie einen richtig guten Schwimmer nehmen und ihn bitten eine Runde zu schwimmen und wenn Sie anschließend mich eine Runde schwimmen lassen, dann werde ich am Schluss außer Atem sein, aber der gute Schwimmer wird nicht in Schweiß gebadet sein. Er bewegt sich effizienter. Wenn Sie uns dann beide bitten, eine Meile zu schwimmen, dann werde ich das nicht schaffen, er aber schon. Der gute Schwimmer ist nicht nur effizienter, sondern er hat auch mehr Kapazität. Dann binden Sie dem guten Schwimmer ein 10-Pfund Gewicht um die Taille; wie wird er jetzt abschneiden?" (Strauch, 2010, S. 122).

Wie kann unser Gehirn trotz der Veränderungen einer Alzheimer-Krankheit seine Leistungsfähigkeit aufrecht erhalten? Hierfür gibt es zwei Theorien:

- *passive Reservekapazität: größere und leistungsfähigere Gehirne besitzen eine Reserve*

- *aktive Reservekapazität: Kompensationsstrategien können Schäden ausgleichen*

Passive Reservekapazität

Bereits zu Beginn der Nonnenstudie wurde von den Gehirnen der Teilnehmerinnen eine MRT-Aufnahme gemacht. Manche Schwestern verfügten über außergewöhnlich viel graue Substanz, aus der unsere Gehirnrinde besteht. Es waren gerade diese Schwestern, die später trotz schwerer Alzheimer-Zeichen im Gehirn bis Braak-Stadium VI (siehe S. 129) keine klinischen Symptome wie etwa Vergesslichkeit zeigten (Snowdon, 2002).

Es scheint, dass Personen, die über ein größeres Gehirn verfügen, eine bessere Ausgangsposition haben.

Aktive Reservekapazität

Als der Alzheimer-Patient Richard Taylor von der Spiegel Reporterin Beate Lakotta darauf hingewiesen wird, dass selbst zehn Jahre nach Diagnosestellung verblüffend wenige Symptome feststellbar sind, erwidert dieser: „Ja, wahrscheinlich weil ich eine ziemlich große kognitive Reserve habe. Weil ich ein riesiges Vokabular hatte und schon immer ein sehr guter Redner war. Ich bin neugierig. Ich denke mehr über das Denken nach als die meisten. Das hilft mir, gegen die Symptome zu kämpfen und ich kann damit auch eine Menge vertuschen" (R. Taylor, 2011, S. 237).

Zahlreiche Faktoren beeinflussen den Ausbruch von Alzheimer-Symptomen: Körperliche Fitness, geistige Fitness, Bildung, sprachliche Fähigkeiten, aktive Freizeitgestaltung, soziale Integration, positive Lebenseinstellung … All diese Faktoren machen unsere Reservekapazität aus.

Die Schwestern, die in den Orden eintraten, der sich später zur „Nonnenstudie" bereit erklären sollte, schrieben beim Eintritt in das Kloster eine kurze Autobiographie. Diese kurzen Schriftstücke wurden analysiert. Das Ergebnis: Wer über einen größeren Wortschatz verfügte, mehr seltene mehrsilbige Wörter verwendete und mehr Ideen und Gedanken in seinen eigenen Lebenslauf verpackte, hatte später ein geringeres Demenz-Risiko (Snowdon, 2002).

In 1994 analysierte Yaakov Stern Unterschiede in den Lebensläufen älterer Menschen. Er fand heraus, dass das Demenz-Risiko sank, je gebildeter jemand war. Aber auch ein komplexer Beruf schien vor der gefürchteten Krankheit zu schützen (Stern u. a., 1994).

Diese Befunde decken sich mit der bekannten Regel: „Use it or lose it". Das Beste, was Sie machen können um Ihr Gehirn fit zu halten ist, es regelmäßig zu benützen.

Der Neurowissenschaftler Stern weist darauf hin, dass Reservekapazität nicht in die Wiege gelegt wird, sondern durch einen aktiven Lebensstil aufgebaut werden kann: „Sie werden nicht einfach mit

Reservekapazität geboren, und das ist der ermutigendste Teil." (Stern in Strauch, 2010, S. 119).

Hierbei geht es nicht nur um Entscheidungen, die Sie vor Jahrzehnten getroffen haben, Ihre frühere Schulwahl können Sie jetzt nicht mehr ändern.

Es geht darum, wie Sie heute handeln! Die Art, wie Sie heute Ihr Leben gestalten, beeinflusst die Struktur Ihres Gehirns. Unser Gehirn behält ein Leben lang seine Fähigkeit bei, sich zu verändern.

> „Sie werden nicht einfach mit Reservekapazität geboren, und das ist der ermutigendste Teil." (Stern in Strauch, 2010, S. 119)

Im zweiten Teil dieses Buches finden Sie Wege, wie Sie Ihre Reservekapazität vergrößern können.

RISIKOFAKTOREN: FORDERN WIR UNSER SCHICKSAL HERAUS?

Einige Faktoren steigern Ihr Risiko, an einer Alzheimer-Demenz zu erkranken. Manche Risikofaktoren können Sie nicht beeinflussen, andere haben Sie selber in der Hand.

Unveränderbare Risikofaktoren:

- *Lebensalter*
- *Genetik*

Veränderbare Risikofaktoren

Risikofaktor	z.B.	Betrifft Sie dieser Risikofaktor? Welche Schritte könnten Sie setzen?	Weitere Informationen
Krankheiten	Zuckerkrankheit, Schädel-Hirn-Traumen, Schlaganfälle oder Bluthochdruck		S. 182
Gewicht und Ernährung	Übergewicht, erhöhter Cholesterin-Spiegel		S. 184
Genuss-mittel	Alkohol, Rauchen		S. 192
Körperliche Inaktivität			S. 196
Geistige Inaktivität			S. 144
Seelisches Ungleich-gewicht	Stress, Depression		S. 220

§ 20: Setzen Sie sich mit Ihren Risikofaktoren auseinander

Werfen Sie einen Blick auf die Liste. Welche Risikofaktoren bringen Sie mit? Was können Sie unternehmen, um Ihr Risiko zu senken? In der rechten Spalte sehen Sie, auf welcher Seite in diesem Buch Sie nähere Informationen und mögliche Gegenmaßnahmen finden.

ZUSAMMENFASSUNG: WAS NEHMEN SIE SICH AUS DIESEM KAPITEL MIT?

- *Bis jetzt wurde ein Gen identifiziert, das als Risikofaktor für Alzheimer Demenz gilt. Es sind allerdings nicht die Erbanlagen alleine, die bestimmen, wer erkrankt und wer nicht.*

- *Die „Nonnenstudie" hat gezeigt, das manche Menschen trotz Alzheimertypischen Veränderungen im Gehirn geistig fit sein können.*

- *Eine Reservekapazität schützt unser Gehirn vor den Folgen der Alzheimer Krankheit. Wer seine geistige Fitness trainiert, baut Reservekapazität auf.*

- *Risikofaktoren wie Lebensalter und Genetik können wir nicht verändern. Andere Risikofaktoren wie körperliche Gesundheit, geistige Aktivität und seelisches Wohlbefinden können wir fördern.*

TEIL 2: ANTI-AGING STRATEGIEN FÜR IHR GEHIRN

Sie haben Einfluss auf den Alterungsprozess Ihres Gehirns

„Im mittleren Lebensalter werden Gehirne besonders variabel", sagt Bruce Yankner von der Universität Harvard (Yankner in Strauch, 2010, S. 100). Damit drückt der renommierte Neurowissenschaftler aus, dass die Unterschiede der geistigen Leistungsfähigkeit verschiedener Personen mit dem Alter immer größer werden.

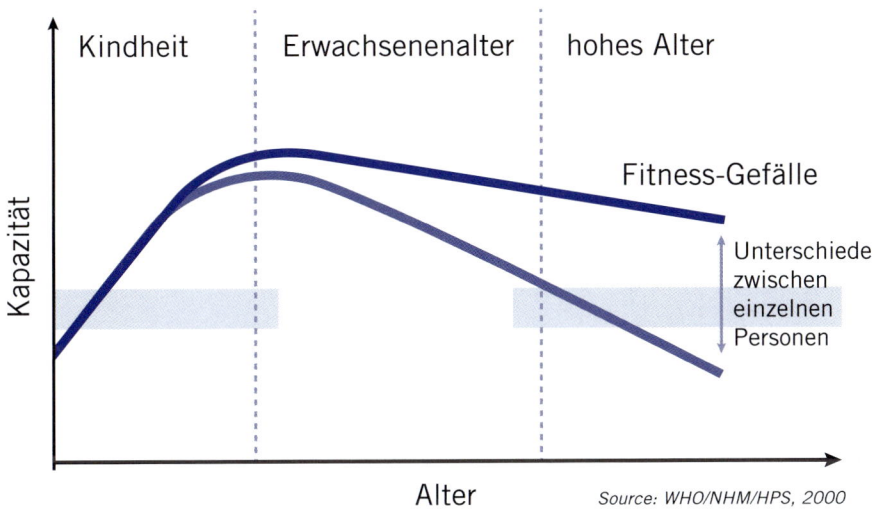

Abbildung 11: Leistungsfähigkeit im Laufe des Lebens (WHO, 2001)

Wiedergabe mit freundlicher Genehmigung der World Health Organization Press
Copyright 2001

Unsere Leistungsfähigkeit steigt im Laufe der Entwicklung zunächst an, um dann mit dem Alter wieder abzufallen. Dieser Verlauf gilt für die körperliche wie für die geistige Fitness. Wie Sie in Abbildung 11 sehen, kann diese Verlaufskurve ganz unterschiedliche Formen annehmen. Während manche Personen bis ins hohe Alter körperlich und geistig fit und agil bleiben, schreiten Alterungsprozesse bei anderen scheinbar schneller fort. Dazwischen liegt das Fitness-Gefälle: diesen Bereich haben Sie selber in der Hand!

> Der Mensch braucht Bewegung, um beweglich zu bleiben. Und zwar körperlich, geistig und seelisch.
> (Marianne Eisenburger)

Um geistig fit und gesund zu bleiben ist es wichtig, Risikofaktoren zu vermeiden und eine Reservekapazität (siehe S. 129) aufzubauen (siehe Abbildung 12). Reservekapazität ist wie Spargeld auf Ihrer Bank eine Absicherung für Ihre Zukunft. Legen Sie ein Sparkonto für Ihre geistige Leistungs-fähigkeit an, indem Sie die drei Bereiche trainieren.

Abbildung 12: geistige Fitness bedeutet, Risikofaktoren zu vermei-den und Reservekapazität aufzubauen.

Die 3 Säulen geistiger Fitness

Das tägliche Sudoku-Rätsel alleine reicht nicht aus, um geistig fit zu bleiben. Die folgenden drei Säulen sind entscheidend für unsere geistige Fitness (siehe Abbildung 13):

- *Gehirntraining*

- *Körperliche Fitness*

- *Seelisches Wohlbefinden*

Abbildung 13: die drei Säulen geistiger Fitness

Gehirntraining

Im ersten Kapitel des praktischen Teils finden Sie heraus, wie effektives Gehirnjogging funktioniert. So viel schon vorab: Gehirntraining ist dann zielführend, wenn Sie Ihr Gehirn vor neue geistige Herausforderungen stellen. Das allererste Sudoku, das Sie in Ihrem Leben gelöst haben, war dementsprechend richtig gutes Gehirntraining. Das tausendste Sudoku, das sie entspannt und nebenbei ausfüllen, ist zwar nicht schlecht, aber eben weniger gutes Gehirntraining. Suchen Sie sich darum immer wieder neue Herausforderungen!

Körperliche Fitness

Das zweite Kapitel des praktischen Teils ist der körperlichen Fitness gewidmet. Unser Gehirn ist Teil unseres Körpers. Wenn wir körperlich nicht fit sind, kann folglich auch unser Gehirn keine Höchstleistungen erbringen. Finden Sie heraus, worauf Sie achten können.

Seelisches Wohlbefinden

Stress ist Gift für unsere Nervenzellen. Deshalb ist es wichtig, Strategien zur Stressbewältigung zu beherrschen.

Der Mensch ist ein soziales Lebewesen und darum ist unser Freundes- und Bekanntenkreis von großer Bedeutung für unsere Gesundheit.

Das letzte Kapitel ist diesen wichtigen Themen gewidmet.

Erinnern Sie sich an die Reservekapazität unseres Gehirns (siehe S. 129), die es unserem Gehirn ermöglicht, eventuelle Schäden auszugleichen. Margit Bleecker, Neurologin an der *University of Baltimore* in den U.S.A. weist darauf hin, dass die drei Säulen, die Sie soeben kennengelernt haben, entscheidend sind, um Reservekapazität aufzubauen: „Diejenigen, die geistig aktiver sind, sich mehr bewegen, und sozial besser integriert sind, haben eine größere Reservekapazität".

Auch andere ExpertInnen verweisen auf die genannten drei Gebiete, wie etwa Marianne Eisenburger von der Universität Marburg in Ihrem Ratgeber über Aktivierungstherapie bei Demenz: „Der Mensch braucht Bewegung, um beweglich zu bleiben. Und zwar körperlich, geistig und seelisch." (Eisenburger u. a., 2008, S. 6). „Alles in allem scheinen die gesammelten Daten Argumente für einen schützenden Effekt der körperlichen, geistigen und sozialen Aktivitäten gegen kognitiven Verfall und Demenz zu liefern", bestätigt Nicholas Scarmeas von der *Columbia University* in New York (Scarmeas in Strauch, 2010, S. 117).

§ 21: Fangen Sie gleich heute mit den ersten Übungen an

Wenn nicht jetzt, wann dann?

- **Es ist nie zu früh:** *Reservekapazität wird im Laufe unseres Lebens aufgebaut. Jede Erfahrung, die Sie machen und jede Fertigkeit, die Sie erlernen, kann sich als nützlich erweisen.*

- **Es ist nie zu spät:** *Unser Gehirn bleibt ein Leben lang flexibel. Entscheidungen, die Sie früher getroffen haben, hindern Sie nicht daran, ab heute auf die drei Säulen geistiger Fitness zu achten.*

Gehirntraining ist dann zielführend, wenn Sie Ihr Gehirn vor neue geistige Herausforderungen stellen.

1 GEHIRNTRAINING

Hier ist Platz für Ihre persönlichen Fragen und Anmerkungen:

WER RASTET, DER ROSTET

„Lange habe ich mein Gedächtnis
nicht wieder in Anspruch genommen,
und so gehorcht es mir nicht leicht."
(Seneca, Epistulae morales, 72, 1)

Geht es Ihnen auch so, dass Sie keine Telefonnummern mehr auswendig wissen, seit Sie sie im Handy einspeichern können, während Sie früher viele Nummern ohne nachzusehen wählen konnten? Der amerikanische Journalist und Buchautor Joshua Foer beschreibt unseren Alltag mit modernen Geräten: „Heute scheint es oft so, als würden wir nur das Wenigste im Kopf behalten. Nach dem Aufwachen schaue ich als Erstes in meinen Kalender, der sich an meine Termine erinnert, damit ich es nicht selbst zu tun brauche. Wenn ich ins Auto steige, gebe ich mein Ziel in ein Navigationsgerät ein, dessen Datenspeicher mir das räumliche Gedächtnis ersetzt. Lasse ich mich an meinem Arbeitsplatz nieder, drücke ich als Erstes auf die „Start"-Taste meines digitalen Diktiergeräts oder klappe mein Notebook auf, in dem die Inhalte meiner Interviews abgelegt sind. Ich habe einen Fotoapparat, um Bilder festzuhalten, Bücher, um Wissen zu bewahren, und dank Google brauche ich heute kaum mehr als ein paar passende Suchbegriffe im Kopf zu haben, um auf das kollektive Gedächtnis der Menschheit zuzugreifen." (Foer, 2011, S. 162).

> **Geistig anregende Aktivitäten reduzieren das Risiko, an Alzheimer zu erkranken.**

Technische Hilfsmittel erleichtern uns das Leben und nehmen unserem Gehirn viel Arbeit ab. Wie angenehm das in vielen Situationen auch ist, unserem Gehirn nimmt es oft jegliche Chance, wichtige Fertigkeiten zu trainieren. Wer überall mit dem Navigationsgerät hinfährt, wird sich zwangsläufig weniger gut orientieren können als jemand, der regelmäßig eine Landkarte studiert. Wer sich alles aufschreibt, gibt seinem Gedächtnis keinen Grund fit zu bleiben. Darum finden Sie in diesem Kapitel ab Seite 152 Ratschläge, wie Sie gehirngerechte Gedächtnishilfen sinnvoll einsetzen können.

Damit unser Gehirn seine volle Leistungsfähigkeit behält, müssen wir seine Fähigkeiten aktiv nützen. Zahlreiche Studien bestätigen: Geistig anregende Aktivitäten reduzieren das Risiko, an Alzheimer zu erkranken (Ball u. a., 2002; Oswald, Hagen, Rupprecht, Gunzelmann, & Steinwachs, 2002; Wilson, 2002).

Auf der nächsten Seite finden Sie einen kurzen Selbsttest. Seien Sie kritisch mit sich selbst und beantworten Sie die Fragen ehrlich.

Selbsttest: Halten Sie Ihr Gehirn im Alltag fit?

Die folgenden Fragen betreffen Ihre geistige Aktivität im Alltag. Sie können sich Notizen machen, wenn Ihnen das dabei hilft, die Fragen zu beantworten. Kreuzen Sie das entsprechende Feld in der Tabelle an.
Lesen Sie zunächst die folgenden fünf Begriffe einmal durch und versuchen Sie sie sich zu merken. Sie werden später danach gefragt werden:

Gitarre, Märchenbuch, Landkarte, Schaukelstuhl, Ofen

Punkte:	0	1	2	3	4
1. Wie viele Telefonnummern haben Sie im Kopf, inklusive der eigenen? (Notrufnummern zählen nicht)	Keine einzige	Eine Nummer	Zwei Nummern	Drei bis fünf Nummern	Mehr als fünf Nummern
2. Wie viele Geburtstage (ohne Jahreszahl) können Sie aufsagen?	Keinen einzigen	1 – 2	3 – 5	6 – 10	Mehr als 10
3. Wie viel Zeit verbringen Sie durchschnittlich pro Tag vor dem Fernseher?	5 Stunden oder mehr	4 Stunden	3 Stunden	2 Stunden	0 – 1 Stunde
4. Wann nützen Sie ein Navigationsgerät?	immer	–	Bei Adressen, die ich selten anfahre (weniger als einmal im Monat)	Nur wenn ich eine neue Adresse finden möchte.	nie

5. Versuchen Sie Ihre Telefonnummer inklusive Vorwahl rückwärts aufzuschreiben. Wie viele Fehler machen Sie?	> 3	3	2	1	0
6. Wie oft greifen Sie im Alltag zu Ihrem Taschenrechner?	Für jede Rechnung, selbst für das 1x1	-	Sobald mehr als ein Rechenschritt notwendig ist.	-	Ich versuche nach Möglichkeit im Kopf zu rechnen.
7. Versuchen Sie sich, ohne nachzusehen, an die fünf Begriffe vom Anfang zu erinnern. Wie viele Wörter fallen Ihnen noch ein?	0 – 1	2	3	4	5

So berechnen Sie Ihr Ergebnis:

In der ersten Zeile finden Sie die Punkte, die Sie für Ihre einzelnen Antworten erhalten. Zählen Sie die Punkte zusammen.

So beurteilen Sie Ihr Ergebnis:

21 – 28 Punkte: Gratuliere! Sie haben ein hervorragendes Ergebnis erzielt. Sie schaffen es, Ihr Gehirn im Alltag zu trainieren. Ein derartiges Gehirnjogging ist besonders wirkungsvoll.

15 – 20 Punkte: Sie haben viele, aber nicht alle Punkte erreicht. Wahrscheinlich ist Ihnen schon beim Beantworten der Fragen aufgefallen, dass Sie Ihr Gehirn häufig entlasten. Wenn Sie in Beruf oder Privatleben regelmäßig vor geistigen Herausforderungen stehen, kann es erleichternd sein, im Alltag auf technische Hilfsmittel zurückzugreifen (siehe S. 152). Denken Sie aber daran, in Zeiten, in denen es ruhiger ist, Ihr Gehirn regelmäßig anzustrengen.

0 – 14 Punkte: Wer tagein tagaus im Bett oder auf der Couch liegt, wird wohl schon bei einem kurzen Spaziergang außer Atem kommen. Genauso kann auch Ihr Gehirn nicht sein volles Potential entfalten, wenn Sie es nicht dazu anregen. Bringen Sie geistige Aktivität in Ihren Alltag, geistige Inaktivität ist ein Risikofaktor für Demenz.

Fordern Sie sich selbst heraus!

„Alte Gehirne sind wie alte Pferde.
Sie müssen Sie trainieren, wenn Sie sie in Form halten wollen."
(John Adams)

> Wenn Sie eine Herausforderung bewältigt haben, suchen Sie sich die Nächste!

Der 73-jährige Neurologe Ron Lawrence betont, dass uns Herausforderungen fit halten: „Ich lerne immer wieder etwas Neues. Alle ein oder zwei Monate, stelle ich mich einer Herausforderung." (Lawrence in Goldman, 1999, S. 23). Stellen Sie Ihrem Gehirn regelmäßig Aufgaben. Wenn Sie eine Herausforderung bewältigt haben, suchen Sie sich die Nächste! Setzen Sie sich Ziele und werden Sie immer besser!

Die amerikanische Psychologin Elizabeth Zelinski betont, wie wichtig ist es ist, die eigenen Grenzen aufzusuchen: „Kreuzworträtsel sind nicht genug. Dabei versuchen Sie lediglich Wörter zu finden, die Sie bereits wissen. Wir müssen unser Gehirn herausfordern. Es sollte etwas Schwieriges für Sie sein – nicht so schwierig, dass Sie den Fokus verlieren –, aber schwierig. Wir müssen unsere Komfortzonen verlassen." (Zelinsky in Strauch, 2010, S. 183).

§ 22: Fordern Sie sich selbst heraus

Ein paar Ideen für Aufgaben, die Sie sich stellen können:

- *Planen Sie einen Ausflug zu einem Ort, an dem Sie in der letzten Zeit nicht waren.*

- *Reparieren Sie etwas.*

- *Setzen Sie sich mit einem neuen technischen Gerät auseinander.*

- *Sie haben Besuch? Versuchen Sie sich die verschiedenen Getränkewünsche Ihrer Gäste zu merken. Tipp: Stellen Sie in der Küche zunächst die richtigen Gläser bereit, dann müssen Sie sie nur noch richtig befüllen.*

§ 23: Werden Sie flexibel und vielseitig

Kennen Sie das Gefühl? Sie schleppen die schweren Einkäufe die Treppe hinauf. Oben angelangt stellen Sie die Taschen ab. Erleichtert von dem Gewicht gehen Sie auf einmal beschwingt und mit größter Leichtigkeit.

Genauso wird es Ihnen ergehen, wenn Sie es sich im Alltag ab und zu ein wenig schwerer machen. Sie werden merken, wie Ihnen bestimmte Tätigkeiten danach mit Leichtigkeit von der Hand gehen.

Trainieren Sie ihr Gehirn, indem Sie sich im Alltag herausfordern:

- *Hängen Sie eine Uhr in Ihrem Badezimmer so auf, dass Sie sie im Spiegel sehen können. Versuchen Sie die Zeit abzulesen, während Sie in den Spiegel schauen.*

- *Versuchen Sie, sich im Dunkeln anzuziehen. Können Sie alle Knöpfe einer Bluse oder eines Hemds im Dunkeln richtig zuknöpfen?*

- *Sie tragen eine Armbanduhr? Drehen Sie sie um, sodass das Ziffernblatt auf dem Kopf steht. Am Anfang wird es Ihnen schwer fallen, die Zeit abzulesen aber Sie werden schnell merken, dass Ihr Gehirn diese Herausforderung bewältigt.*

- *Essen Sie mit Stäbchen.*

- *Kommen Sie von alltäglichen Routen ab und gehen Sie einen anderen Weg als normalerweise nach Hause.*

§ 24: Suchen Sie sich ein anspruchsvolles Hobby

Wir werden alle immer älter, was haben Sie mit dieser Zeit vor? Sie finden hier eine Liste mit Freizeitbeschäftigungen, die sich positiv auf unser Gehirn auswirken. Kreuzen Sie diejenigen Tätigkeiten an, die Sie interessieren.

- *Machen Sie eine Ausbildung, besuchen Sie Kurse an der Volkshochschule. Dafür ist es nie zu spät. Was Sport für den Körper ist, ist Bildung fürs Gehirn!*

- *Lernen Sie mit einer bestimmten Software gut umzugehen.*

- *Gehen Sie tanzen, am besten in der Gruppe.*

- *Musikinstrument spielen oder singen (vielleicht in einem Orchester oder Chor), siehe S. 215.*

- *Spielen Sie Schach, Bridge oder andere Spiele.*

- Bestellen Sie sich eine Fachzeitschrift mit Artikeln, über die Sie nachdenken können.

- Machen Sie sich auf die Suche nach schwierigen Rätseln und haben Sie Spaß am Denken. Knacken Sie lieber ab und zu eine einzelne knifflige Kopfnuss als stundenlang nebenbei und automatisch Rätselhefte auszufüllen.

> Wir werden alle immer älter, was haben Sie mit dieser Zeit vor?

LASSEN SIE SICH NICHTS ENTGEHEN

*„Die wahre Kunst der Erinnerung
ist die Kunst der Aufmerksamkeit."
(Samuel Johnson)*

Man weiß, dass ältere Personen bei Tests der geistigen Leistungsfähigkeit oft deswegen schlechter abschneiden, weil Sie sich leicht ablenken lassen (siehe S. 51). Doch Ihre Wahrnehmung können Sie schärfen und Konzentration kann man trainieren.

Aufmerksamkeit und Gedächtnis

„Was sich nach einem Jahr nicht mehr in unserem Gedächtnis befindet,
hat schon nach einem Tag zu schwinden begonnen."
(Augustinus)

Die Wahrnehmung ist die Pforte in unser Gedächtnis. Was Sie nicht gehört haben, können Sie nicht wissen und was Sie nie gesehen haben, werden Sie wohl nicht im Gedächtnis behalten können.

§ 25: Entscheiden Sie bewusst, was Sie sich merken wollen

> Was Sie nicht gehört haben, können Sie nicht wissen und was Sie nie gesehen haben, werden Sie wohl nicht im Gedächtnis behalten können.

- *Sagen Sie in Gedanken laut, wo sie was ablegen, während Sie es wegräumen*

- *Passiert es Ihnen manchmal, dass Sie mit einem Ohr zuhören und dabei an etwas ganz anderes denken? Hören Sie anderen aufmerksam zu.*

Hab ich womöglich vergessen den Herd abzudrehen?

Zahlreiche Tätigkeiten im Laufe unseres Alltags führen wir ganz automatisch durch. Sobald in der Früh der Wecker läutet, stehen Sie auf, ziehen sich an, gehen Sie ins Badezimmer … Wie von selbst laufen zahlreiche Routinetätigkeiten ab. Genauso automatisch schalten Sie auch den Herd ein, um die Milch zu wärmen und genauso selbstverständlich schalten Sie ihn wieder ab.

Kein Wunder, dass Sie später keine Erinnerung an diese Handlung haben.

§ 26: So erinnern Sie sich an Schlüssel und Herd

Bewusst Handeln: Achten Sie genau darauf, was Sie machen, damit Sie in Zukunft nicht mehr von der Frage gequält werden, ob Sie den Herd abgedreht oder die Tür zugesperrt haben. Denken Sie in Gedanken laut „Jetzt sperre ich zu" oder „Die Tür ist zu" und versichern Sie sich eventuell mit einem Griff auf die Klinke.

Merk-würdige Verstärkung: Alltägliches wird von unserem Gehirn schnell vergessen. Außergewöhnliche und *merk-würdige* Geschehnisse bleiben uns hingegen viel länger in Erinnerung. Verbinden Sie darum wichtige Tätigkeiten mit einprägsamen Ergänzungen, summen sie eine Melodie während Sie zusperren oder schnipsen Sie mit den Fingern, nachdem Sie den Herd abgedreht haben.

§ 27: Steigern Sie Ihre Achtsamkeit

Nehmen Sie Routinetätigkeiten unter die Lupe: Führen Sie Tätigkeiten, die zur Routine geworden sind, aufmerksam durch. Achten Sie beispielsweise, während Sie in der Früh Kaffee kochen, darauf, mit welcher Hand Sie was machen und in welcher Reihenfolge sie welche Schritte durchführen.

Wo habe ich nur geparkt?

Ärgerlich, wenn nach dem Einkauf der Parkplatz riesig groß erscheint. Doch Sie haben nicht vergessen, wo Sie Ihr Auto abgestellt haben. Sie haben das nie gewusst! Dieselbe Unachtsamkeit, die Sie zweifeln lässt ob Sie zugesperrt haben, führt dazu, dass wir in das Geschäft eilen, ohne abgespeichert zu haben, wo wir eigentlich geparkt haben.

§ 28: So erinnern Sie sich an den Parkplatz Ihres Autos

Achten Sie schon beim Einparken auf auffällige Kennzeichen. Gibt es Werbeschilder oder gar Beschriftungen, die den Parkplatz, den Sie gefunden haben, markieren? Drehen Sie sich mit dem Rücken zum Ausgang des Geschäfts, in das Sie gehen werden. In welche Richtung müssen Sie sich drehen, um Ihr Auto zu sehen? Prägen Sie sich ein, wie der Parkplatz aus dieser Perspektive aussieht, denn aus diesem Blickwinkel müssen Sie Ihr Auto auch wieder finden.

Was mache ich eigentlich hier im Keller?

Sie erwarten Gäste und stehen geschäftig in der Küche um die Speisen vorzubereiten. Für die Soße braucht es Zwiebel und Sie machen sich auf in den Keller. Unterwegs denken Sie darüber nach, welchen Wein Sie servieren möchten und im Keller angelangt treten sie ans Weinregal. Mit einer Flasche Rotwein in der Hand begeben Sie sich zurück in die Küche. Richtig: *ohne* die Zwiebeln.

Gerade wenn wir viel um die Ohren haben, passieren uns derartige Fehler im Alltag. Wir versuchen über mehrere Dinge gleichzeitig nachzudenken. Doch Multitasking liegt unserem Gehirn nicht. Da kann es schon mal passieren, dass man im Keller steht und gar nicht mehr weiß, was man holen wollte.

Die Ursache für diese Erinnerungslücken wurde von einem Forschungsteams der *University of Notre Dame* in Indiana, U.S.A. untersucht. *„Das Durchschreiten von Türen verursacht Vergessen"* lautete der treffende Titel ihrer Studie. Die ForscherInnen konnten experimentell zeigen, dass wir uns in einer neuen Umgebung schlechter erinnern können. Ähnlich wie es uns in unserem Kellerbeispiel geht, erging es den Studierenden, die Versuchspersonen bei diesem

Experiment waren: Sobald sie durch eine Türe durchgingen, verga-
ßen sie eher, woran sie denken hätten sollen (Radvansky, Tamplin,
& Krawietz, 2010).

§ 29: So erinnern Sie sich, was Sie aus dem Keller holen wollten

- *Lassen Sie sich nicht ablenken, während Sie in den Keller gehen sondern zählen Sie in Gedanken die Dinge auf, die Sie holen möchten.*

- *Stellen Sie sich im Keller vor, Sie würden in der Küche stehen. Erinnern Sie sich
  zurück, was Sie gerade gemacht haben. Sobald Sie sich erinnern, dass Sie
  soeben das Zwiebelmesser auf das Schneidbrett gelegt haben, fällt Ihnen
  auch wieder ein, was Sie holen wollten.*

DER ARBEITSSPEICHER IHRES GEHIRNS

Der Teil unseres Gedächtnisses, den Sie als Kurzzeitgedächtnis
kennen, wird in der gegenwärtigen Psychologie auch als Arbeitsgedächtnis bezeichnet. Sie nützen Ihren Arbeitsspeicher immer dann,
wenn Sie eine Information kurze Zeit im Kopf behalten wollen. Wenn
Sie beispielweise eine Telefonnummer im Telefonbuch nachschlagen und sich diese im Kopf vorsagen, bis Sie sie tatsächlich in Ihr
Handy eintippen können, dann ist Ihr Arbeitsgedächtnis im Einsatz.
Ihr Arbeitsgedächtnis ist eine Zwischenstation auf dem Weg in Ihr
Langzeitgedächtnis.

Ihr Arbeitsgedächtnis hat Platz für sieben Informationen

Das Arbeitsgedächtnis hat allerdings eine begrenzte Kapazität. Sie
können nicht vier Telefonnummern auf einmal nachschlagen, das

würde Ihren Arbeitsspeicher überfordern. Der Psychologe George Miller hat ermittelt, dass durchschnittlich sieben Informationseinheiten in unserem Arbeitsgedächtnis Platz haben (G. A. Miller, 1956).

§ 30: Trainieren Sie Ihr Arbeitsgedächtnis

Sie können die Kapazität Ihres Arbeitsgedächtnisses durch Training erweitern. Alles, was Ihr Arbeitsgedächtnis beansprucht, trainiert es auch.

So können Sie sich beispielsweise Wartezeiten vertreiben, indem Sie im Kopf Rechenaufgaben lösen, die Sie sich selber stellen.

 Im Kapitel „Arbeitsgedächtnis" im **Übungsbuch** finden Sie weitere Ideen für Übungen, die Sie regelmäßig wiederholen können.

... wie der Arbeitsspeicher Ihres Computers

Ihr Arbeitsgedächtnis ist mehr als nur eine Stufe auf dem Weg ins Langzeitgedächtnis. Sie brauchen Ihr Arbeitsgedächtnis *immer*, wenn Sie über etwas nachdenken. Immer wenn Sie verschiedene Informationen im Kopf miteinander vergleichen oder in Gedanken verändern, nützen Sie Ihr Arbeitsgedächtnis. Um beispielsweise Kopfrechnen zu können, müssen Sie die Zahlen, mit denen Sie rechnen möchten, im Kopf behalten und auch die einzelnen Rechenschritte müssen Sie parat haben. Ihr Arbeitsgedächtnis ermöglicht Ihnen all dies. Ebenso ist Ihr Arbeitsgedächtnis gefragt, wenn Sie über ein Problem nachdenken und unterschiedliche Lösungswege im Kopf miteinander vergleichen.

§ 31: Rechnen Sie im Kopf

Kopfrechnen ist Übungssache. Gewöhnen Sie sich an, die Rechnungssumme im Supermarkt zu schätzen und rechnen Sie etwaige Rechnungen in Ihrem Alltag nach Möglichkeit im Kopf. Auch das ist Training für Ihr Arbeitsgedächtnis.

Schlau durch Arbeitsgedächtnistraining

Sie haben soeben erfahren, dass Sie Ihren Arbeitsspeicher benötigen, um Probleme zu lösen. Was wird passieren, wenn Ihr Arbeitsspeicher leistungsfähiger wird? Sie werden komplexere Herausforderungen bewältigen können. Genau

> Durch ein Training des Arbeitsgedächtnis lässt sich die sogenannte fluide Intelligenz steigern: Ihre allgemeine Problemlösefähigkeit und die Fähigkeit zu lernen.

das hat Susanne Jaeggi von der *University of Michigan* in Ihrer Studie beweisen können. Sie hat ihre Versuchspersonen zunächst einen Intelligenztest absolvieren lassen. Danach haben die Versuchspersonen ihr Arbeitsgedächtnis trainiert und zum Abschluss folgte ein zweiter Intelligenztest. Das eindrucksvolle Ergebnis: Die Versuchspersonen schnitten besser ab. Durch ein Training des Arbeitsgedächtnis lässt sich die sogenannte fluide Intelligenz steigern: Ihre allgemeine Problemlösefähigkeit und die Fähigkeit zu lernen (Jaeggi, Buschkuehl, Jonides, & Perrig, 2008). Wenn Sie Ihr Arbeitsgedächtnis trainieren, werden Sie in zahlreichen Alltagssituationen merken, dass sie schneller Lösungen finden, mehr Details berücksichtigen können und leichter lernen.

GEDÄCHTNISTRAINING: USE IT, DON'T LOSE IT!

Gedächtnistraining im Alltag

„Memoria minuitur, nisi eam exerceas."
„Das Gedächtnis lässt nach, wenn man es nicht übt."
(Cicero)

Wenn Sie Kreuzworträtsel lösen, werden Sie immer besser werden.

> **Trainieren Sie Fähigkeiten, die Sie brauchen können!**

Aber müssen Sie im Alltag Wörter in Tabellen einfügen? Trainieren Sie Fähigkeiten, die Sie brauchen können! Besonders wirkungsvoll ist Gedächtnistraining, das Sie in Ihren Alltag integrieren. Probieren Sie einige der folgenden Ideen, um Ihr Gedächtnis in Schwung zu bringen. Gedächtnistraining ist genauso wichtig wie körperliches Training.

ÜB! Zahlreiche Übungen und Merktipps finden Sie im Kapitel „Gedächtnistraining" im **Übungsbuch**.

§ 32: Prägen Sie sich Kochrezepte ein

- *Sie möchten ein neues Rezept ausprobieren? Lesen Sie sich das Rezept durch und legen Sie alle Zutaten bereit. Prägen Sie sich die einzelnen Kochschritte ein und legen Sie das Rezept zur Seite. Versuchen Sie das Gericht aus dem Gedächtnis zuzubereiten.*

- *Wenn Sie ein Gericht ein zweites Mal kochen, versuchen Sie es aus Ihrer Erinnerung zu kochen und schlagen Sie nur dann im Kochbuch nach, wenn Sie sich nicht sicher sind oder um genaue Mengenangaben zu kontrollieren.*

§ 33: Merken Sie sich Telefonnummern

Welche Telefonnummer wählen Sie am häufigsten? Wenn Sie diese Person das nächste Mal anrufen, nützen Sie nicht die Schnellwahlfunktion, sondern suchen Sie die Telefonnummer in Ihrem Handyspeicher, lesen Sie sich die Nummer durch und wählen Sie sie anschließend Ziffer für Ziffer. Wiederholen Sie diesen Vorgang jedesmal, wenn Sie die entsprechende Person anrufen. Wetten, dass Sie die Nummer bald auswendig können? Sobald Sie die erste Nummer beherrschen, können Sie sich an die nächste Telefonnummer machen.

§ 34: Lernen Sie Liedtexte und Gedichte

- *Hören Sie sich eines Ihrer Lieblingslieder bewusst an und versuchen Sie, mitzusingen. Spielen Sie die Nummer ein paar Mal hintereinander und lernen Sie so den Text auswendig.*
- *Lernen Sie ein Gedicht auswendig.*
- *Gehen Sie ohne Einkaufsliste einkaufen.*

Schreiben Sie für Ihren nächsten Einkauf wie gewohnt Ihre Einkaufliste. Nehmen Sie die Liste bewusst nicht in den Supermarkt mit, sondern versuchen Sie sich im Geschäft an die einzelnen Produkte zu erinnern.

§ 35: Erinnern Sie sich an Ihre Träume

Wir alle träumen, aber manchmal können wir uns an unsere Träume nicht erinnern.

- *Bleiben Sie in der Früh liegen, lassen Sie Ihre Augen geschlossen und versuchen Sie sich an den Traum zu erinnern. Am Ende der Nacht sind unsere Träume* besonders lebendig, wenn Sie sich in der Früh ausschlafen, können Sie sich vielleicht besser erinnern.

• *Wenn Sie am Morgen aufwachen, empfinden Sie vielleicht noch ein Gefühl aus Ihrem Traum. Sind sie nachdenklich, traurig, aufgeregt oder glücklich? Versuchen Sie sich zu erinnern, was das Gefühl ausgelöst hat, vielleicht fällt Ihnen Ihr Traum wieder ein.*

• *Sollte Ihnen ein Traum einfallen, können Sie ihn in Stichworten in einem Traumtagebuch festhalten. Sie werden feststellen dass Sie sich mit der Zeit immer leichter an Ihre Träume erinnern.*

§ 36: Merken Sie sich, was Sie lesen und was Sie sehen

Denken Sie an den letzten Film, den Sie gesehen haben. Können Sie sich noch an die Geschichte erinnern?

Es passiert uns immer wieder, dass wir uns nicht erinnern können, ob wir ein Buch schon gelesen, einen Film bereits gesehen haben. Das liegt daran, dass wir uns meistens die Zeit nicht nehmen, die neuen Informationen zu überdenken und abzuspeichern.

Gewöhnen Sie sich an, über Filme und Bücher nachzudenken:

• *Wenn Sie abends einen Film sehen, versuchen Sie sich gleich anschließend zu erinnern, wie die Geschichte begonnen und wie sich der weitere Verlauf entwickelt hat.*

• *Wenn Sie einen Artikel in einer Zeitschrift lesen, schreiben Sie anschließend die drei wichtigsten Gedanken auf. Halten Sie so für sich fest, was Sie aus dem Artikel mitnehmen möchten.*

• *Überlegen Sie sich nach den Abendnachrichten, an welche Berichte Sie sich noch erinnern können.*

Damals ...

„Der Laut einer Stimme, die Anwesenheit eines Gegenstands, ein bestimmter Ort, und plötzlich fällt mir ein Gegenstand, was sage ich, ein langer Zeitraum meines Leben ein; augenblicklich überfällt mich Freude, Trauer oder Gram."

(Diderot)

Aktivieren Sie Ihr Langzeitgedächtnis. Üben Sie sich darin, sich bewusst an Erlebnisse zu erinnern. Durch diese Übung stärken Sie die Gedächtnisinhalte und sichern sie für die Zukunft.

§ 37: Sammeln Sie Erinnerungen

- *Legen Sie eine CD mit Schlagern aus Ihrer Jugendzeit ein. Halten Sie aufkommende Erinnerungen fest.*

- *Gerüche sind besonders gut geeignet, Erinnerungen zu wecken. Seien Sie offen für Gerüche und schließen Sie die Augen, um sich ganz auf das Geruchserlebnis einzulassen.*

- *Erstellen Sie ein „Familienrezeptbuch" für Ihre Kinder oder Enkelkinder.*

- *Erstellen Sie einen Stammbaum.*

- *Füllen Sie Ihre persönliche Schatzkiste mit liebgewonnenen Gegenständen und Fotos von besonderen Momenten.*

Im Kapitel „Langzeitgedächtnis" im **Übungsbuch** finden Sie weitere Ideen, die Ihnen dabei helfen, Ihr Langzeitgedächtnis zu aktivieren.

ÜB!

> Wenn Sie ein Foto sehen und dazu die Information bekommen, die betreffende Person arbeite als Bauer, können Sie sich dieses Wort leichter merken als wenn ich Ihnen sage, der Name der abgebildeten Person wäre Bauer.

Ihr Namensgedächtnis lässt sich trainieren

Erinnern Sie sich an eine Lehrerin aus Ihrer Schulzeit. Wahrscheinlich sehen Sie ihr Gesicht schnell vor sich und möglicherweise können Sie sich an die eine oder andere Situation erinnern. Doch wissen Sie auch noch ihren Namen?

Namen vergessen wir besonders leicht. Warum?

Die britische Psychologin Gillian Cohen vermutet, dass wir Namen deswegen so leicht vergessen, weil sie keine Bedeutung haben. Früher wurden Berufsbezeichnungen, Herkunft oder andere deutliche Merkmale für die Namensgebung verwendet. Heutzutage haben Namen keinen Bezug zur Person mehr. In einem Experiment konnte die Forscherin zeigen, dass Versuchspersonen Berufsbezeichnungen leichter behalten als Namen, selbst wenn es sich um dieselben Begriffe handelt. Wenn Sie ein Foto sehen und dazu die Information bekommen, die betreffende Person arbeite als Bauer, können Sie sich dieses Wort leichter merken als wenn ich Ihnen sage, der Name der abgebildeten Person wäre Bauer (G. Cohen, 1990). Deshalb ist es hilfreich, sich Namen bildlich vorzustellen.

Tipps für ein sicheres Namensgedächtnis

§ 38: Spitzen Sie die Ohren

Gehen Sie auf Nummer sicher, dass Sie den Namen akustisch richtig verstanden haben. Wenn Sie sich einen Namen merken möchten, hören Sie genau hin! Machen Sie eventuell eine Bemerkung über den Namen oder wiederholen Sie den Namen gleich in Ihrem nächsten Satz.

§ 39: Prägen Sie sich Namen bewusst ein

„So behalten wir manches, was wir einmal gesehen haben,
eher im Gedächtnis als anderes, was wir oft gesehen haben."
(Aristoteles)

- *Wiederholen Sie den Namen in Gedanken, indem Sie ihn langsam und deutlich ein paarmal im Kopf aufsagen.*

- *Klopfen Sie den Rhythmus des Namens mit, während Sie den Namen in Gedanken wiederholen.*

- *Überlegen Sie sich, ob Sie jemanden mit dem gleichen Namen kennen.*

- *Versuchen Sie sich den Namen bildlich vorzustellen.*

- *Finden Sie eine Assoziation oder Verknüpfung und bauen sie so eine Eselsbrücke.*

§ 40: Schreiben Sie sich Namen auf

Namen im Kopf zu behalten fällt uns besonders schwer und im Laufe unseres Lebens lernen wir so viele Menschen kennen, dass es schier unmöglich ist, alle Namen auswendig zu wissen.

- *Schreiben Sie sich Namen auf und machen Sie sich ein paar Notizen, damit Sie die Person wiedererkennen.*

- *Klassentreffen, Familientreffen oder Vereinssitzungen: Wenn Ihnen eine Veranstaltung mit vielen Personen bevorsteht, machen Sie vorab eine Liste der Personen, die Sie erwarten und rufen Sie sich schon im Vorfeld die Namen wieder in Erinnerung.*

Im Kapitel „Namensgedächtnis" im **Übungsbuch** finden Sie weitere Ratschläge und Übungen für ein sicheres Namensgedächtnis.

ÜB!

Namen nie mehr verwechseln

Schon wieder das Enkelkind mit dem Namen des Sohns angesprochen? Derartige Verwechslungen sind ärgerlich und oft auch unangenehm.

Wir verwechseln Namen dann, wenn unser Gehirn irgendeine Gemeinsamkeit zwischen den beiden Personen oder den Namen gefunden hat. Das Enkelkind ähnelt dem Sohn in jungen Jahren, die Namen Mayer und Müller sind beide häufig und beginnen mit M, Christine und Kerstin klingen ähnlich … Da unser Gedächtnis aufgebaut ist wie ein Netz, ist es leicht möglich dass wir einem unaufmerksamen Augenblick den falschen Namen verwenden, so wie wir uns immer wieder mal versprechen. Doch gerade bei Namen sind derartige Fehler häufig recht unangenehm. Wir entschuldigen uns, vielleicht wird über den Irrtum gelacht und möglicherweise erzählen Sie den Vorfall bei Gelegenheit weiter. Was passiert? Sie stärken durch jede Erinnerung an den falschen Namen genau diese Verbindung. Je öfter Sie an die Verwechslung denken, desto größer ist die Chance, dass Ihnen in Zukunft der Fehler wieder passiert.

§ 41: Gehen Sie mit Namens-Verwechslungen souverän um

- *Widmen Sie Versprechern und Namens-Verwechslungen so wenig Aufmerksamkeit wie möglich. Entschuldigen Sie sich, wenn, nur kurz und knapp und bemühen Sie sich, unbekümmert weiterzusprechen. Je wichtiger Sie den Vorfall nehmen, desto größer ist die Gefahr, dass Sie die ungewollte Verbindung stärken und die Verwechslung wieder passiert.*

- *Wir alle haben Personen, die wir häufig verwechseln. Auch wenn uns nicht immer klar ist, warum. Bei eineiigen Zwillingen haben wir dieses Problem auch. Was machen wir? Wir suchen das eine Muttermal, das die beiden unterscheidet. Machen Sie das bei Personen, die Sie verwechseln, auch. Worin un-*

terscheiden sich die beiden? Wahrscheinlich ist es ein auffälligeres Merkmal als das eine Muttermal der Zwillinge. Heben Sie in Gedanken den Unterschied hervor und verknüpfen Sie ihn mit dem richtigen Namen.

▶ **Ein kleines Beispiel:** Frieda verwechselte regelmäßig ihre beiden Nachbarn Günther und Walter. Im Zuge der Zwillings-Übung ist ihr aufgefallen, dass Günther um einiges größer ist als der zart gebaute Walter. Jetzt merkt sie sich ganz einfach, dass der Name Günther mit einem G beginnt, G wie „groß".

NÜTZEN SIE GEDÄCHTNIS-HILFEN, ABER RICHTIG

Es ist okay, wenn Sie sich ab und zu etwas aufschreiben, damit die Information nicht verloren geht.

Wenn Sie eine weite Strecke zurücklegen müssen, dann gehen Sie nicht zu Fuß, dann brauchen Sie ein Auto. Wenn Sie jedoch jede klitzekleine Strecke mit dem Auto fahren, werden Ihre Muskeln Sie bald nirgends mehr hinbringen können.

So ist es mit unserem Gehirn auch: wir können große Herausforderungen bewältigen, wenn wir Hilfsmittel sinnvoll einsetzen. Aber wenn wir etwas alleine schaffen können, dann ist das ein gutes Gehirntraining.

Listen schreiben

§ 42: Schreiben Sie Listen nur, wenn es notwendig ist

- *Wenn es schnell gehen muss. Wenn Sie keine Zeit haben, Merkstrategien einzusetzen. Beispielsweise wenn Ihnen jemand am Telefon eine Nummer ansagt.*

- *Wenn Sie eine Information nur ein einziges Mal brauchen,* etwa eine Adresse für einen einmaligen Termin.

- *Wenn viel Zeit vergeht bis Sie sich erinnern wollen. Wenn etwa die Dame im Reisebüro schon heute die Adresse ihres Ferienhauses nennt, Ihr Urlaub aber erst in einem halben Jahr geplant ist.*

- *Wenn Sie auf Nummer Sicher gehen wollen. Die genauen Abflugzeiten Ihres Fluges oder ihren Buchungscode werden Sie wahrscheinlich sicherheitshalber notieren wollen.*

- *Wenn Sie über Inhalte nachdenken wollen: Eine Liste kann Ihnen beim Nachdenken helfen. So fällt es vielen leichter, zu überlegen, welche Einkäufe sie benötigen, wenn sie dabei eine Liste schreiben können. Für den Einkauf selber ist die Liste dann oft gar nicht mehr nötig. Die Aufzählung hat lediglich die Überlegungen erleichtert.*

§ 43: Verlieren Sie Ihre Notizen nicht

Die beste Liste bringt nichts, wenn Sie sie nicht mehr finden oder wenn Sie nicht im richtigen Moment einen Blick darauf werfen.

- *Verwenden Sie einen Notizblock und bewahren Sie ihn immer am selben Ort.*

- *Notieren Sie Informationen da, wo Sie hingehören: Die Adresse für ein Treffen können Sie am besten in Ihre Kalender beim entsprechenden Tag eintragen, auch Reisezeiten gehören in den Kalender. Speichern Sie Telefonnummern gleich in Ihrem Telefon ein oder führen Sie ein Telefonbuch.*

- *Montieren Sie eine Pinwand, an der Sie kleine Notizzettel befestigen können. Werfen Sie alte Notizen regelmäßig weg.*

- *Wenn Sie sich zu einem bestimmten Zeitpunkt erinnern wollen, nützen Sie die Alarmfunktion Ihres Handys oder einen Wecker.*

Jahrein, jahraus

Bewundernswert, wenn es jemand schafft, im Laufe eines Jahres an alle wichtigen Termine zu denken: Geburtstage, Jubiläen, Arzttermine … Das können Sie auch!

§ 44: So gratulieren Sie rechtzeitig zu Geburtstagen und Jubiläen

- *Schreiben Sie auf, an welche Geburtstage und Jubiläen Sie gerne denken würden, um rechtzeitig gratulieren zu können.*

- *Besorgen Sie sich einen Geburtstagskalender und tragen Sie alle Geburtstage und Jubiläen Ihrer Liste in den entsprechenden Monaten ein.*

- *Werfen Sie regelmäßig einen Blick auf den Kalender und kaufen Sie Geburtstagskarten rechtzeitig. Sie können beispielsweise immer am Anfang des Monats die Karten besorgen und dann in Sichtweite aufbewahren. Am entsprechenden Tag müssen Sie die Karte nur noch aufgeben.*

- *Wenn Sie daran denken wollen, eine Person rechtzeitig anzurufen, heften Sie ein Foto der Person an Ihre Pinwand. Machen Sie es sich zur Gewohnheit, jeweils zu Beginn eines Monats etwaige Anrufe zu planen und die Fotos aufzuhängen. Wenn Sie kein Foto zur Hand haben, genügt ein Notizzettel mit dem Namen oder ein Gegenstand, der Sie an die Person erinnert.*

§ 45: So erinnern Sie sich an alle jährlichen Temine

- *Machen Sie sich eine Liste der Dinge, die Sie jährlich erledigen müssen. Denken Sie an Arzttermine, Auto-Kontrollen, Rechnungen …*

- *Wann wollen Sie die einzelnen Aufgaben erledigen? Kopieren Sie die Tabelle auf dieser Seite, tragen Sie alle Termine ein und hängen Sie diesen Jahresplan auf.*

- *An einige Dinge auf Ihrer Liste müssen Sie jedes Jahr denken? Gewöhnen Sie sich an, diese Punkte immer im selben Monat zu erledigen, dann werden sie zur Gewohnheit.*

Jahr: _____

Monat	Erledigen
Jänner	
Februar	
März	
April	
Mai	
Juni	
Juli	
August	
September	
Oktober	
November	
Dezember	

§ 46: Ordnen Sie den Monaten Gedankenbilder zu

Der Monatsname selbst ist nur ein abstrakter Begriff. Ein Bild zu den jeweiligen Monaten muss im Kopf entstehen. Überlegen Sie sich zu allen zwölf Monaten, welche Bilder und Assoziationen Ihnen einfallen. Was werden Sie in dem entsprechenden Monat sehen? Lassen Sie sich an wichtige Termine erinnern.

Das Sprichwort „Der April macht was er will" beispielsweise erinnert uns an regnerische Apriltage. Verknüpfen Sie in Gedanken Geburtstage und wichtige Termine im April mit dem Bild eines regnerischen Apriltags.

Nie mehr nach dem Schlüssel suchen...

Fragen Sie sich, wohin all die Kugelschreiber, Brillen, Schlüssel etc. verschwinden? Legen Sie Gegenstände richtig ab, um Ihr Gedächtnis zu entlasten.

§ 47: So müssen Sie nichts mehr suchen

Gewöhnen Sie sich an, einzelne wichtige Dinge immer am selben Ort aufzubewahren. Wenn Sie in Zukunft etwas suchen, wissen Sie sofort, wo Sie suchen müssen.

Wo bewahren Sie die folgenden Gegenstände auf?

Gegenstand	Zuhause	Unterwegs
z.B.: Schlüssel	Haken bei der Türe	Handtasche, Vorderfach
Autoschlüssel		
Haustorschlüssel		
Brille		
Handy		
Geldbörse		
Münze für den Einkaufs-wagen		

Gibt es andere Gegenstände, die Sie regelmäßig verzweifelt suchen? Ergänzen Sie die Liste!

§ 48: So lassen Sie nichts mehr liegen

Sie können Ihr Gedächtnis unterstützen, indem Sie unterschiedlichen Aufbewahrungsorten Namen zuordnen:

- *„Mitnehmen!“: Möglicherweise haben auch Sie eine Ablagefläche, wahrscheinlich in der Nähe der Türe, wo Sie diejenigen Dinge ablegen, die Sie mitnehmen möchten, wenn Sie das Haus verlassen. Wenn nicht: richten Sie sich so einen Platz ein.*

- **„Wichtig!":** *Bewahren Sie alle wichtigen Dokumente wie Reisepässe oder Unterlagen in der gleichen Lade. Nützen Sie diese Lade ausschließlich für die wichtigen Papiere.*

Gibt es in Ihrem Haus noch andere Ablageorte, die eine bestimmte Funktion haben?

Rechtzeitig an Medikamente denken

§ 49: Entwickeln Sie Routinen für Ihre Gesundheit

Verbinden Sie die Einnahme Ihrer Medikamente mit einem bestimmten Zeitpunkt, am besten mit einer Tätigkeit, die Sie regelmäßig ausführen. Nehmen Sie Medikamente beispielweise immer beim Frühstück oder beim Zähneputzen ein und lassen Sie die Einnahme so zur Routine werden.

Medikamente, die Sie seltener einnehmen, sollten Sie sich in Ihrem Kalender notieren.

§ 50: So sorgen Sie dafür, dass Sie Ihre Medikamente nicht vergessen

Wenn sie regelmäßig unsicher sind, ob Sie Ihre Medikamente bereits genommen haben oder nicht:

- *Besorgen Sie sich eine Pillendose, in der Sie die Medikamente, die Sie im Laufe einer Woche einnehmen sollen, nach Tagen sortiert aufbewahren können.*

- *Legen Sie ein Kalenderblatt zu Ihren Medikamenten und haken Sie den entsprechenden Tag ab, gleich nachdem Sie das Arzneimittel genommen haben.*

WER HAT DAS LETZTE WORT?
BLEIBEN SIE SPRACHGEWANDT

„Das Gehirn ist kein Behälter den Du füllen sollst,
sondern eine Flamme die Du anzünden musst."
(griechisches Sprichwort)

Sprache und Denken sind eng miteinander verknüpft. Möglicherweise haben Sie in Ihrem Alltag kaum Herausforderungen, die Ihre Sprachfertigkeiten trainieren. Um Wortfindungsstörungen vorzubeugen und Denkprozesse zu optimieren ist es wichtig, eine fließende Sprache zu fördern:

§ 51: Erweitern Sie Ihren Wortschatz

Seien Sie offen für Ausdrücke, die Ihnen neu sind und nehmen Sie sich vor, sich einen neuen Begriff pro Tag zu merken.

§ 52: Schreiben Sie

- *Schreiben Sie jeden Tag zumindest einen Absatz, eventuell in Ihrem Tagebuch, vielleicht aber auch in künstlerischer Form, etwa als Gedicht.*

- *Gewöhnen Sie sich an, abends zusammenzufassen, was Sie untertags gemacht haben und was Sie sich für den nächsten Tag vornehmen.*

§ 53: Holen Sie sich Inspiration aus Büchern und Texten

Lesen Sie regelmäßig und denken Sie über das Gelesene nach. Denken Sie dabei an die Schmuckzeichnungen in alten Büchern. Diese dienten nicht nur der Verzierung, sondern halfen den Mönchen beim Memorieren der Texte. Machen Sie Notizen, wenn Sie lesen und zeichnen Sie erklärende Symbole an den Seitenrand um den Inhalt besser zu verarbeiten.

Bereiten Sie Wortfindungsstörungen ein Ende! Die Übungen im Kapitel „Wortfindung" im **Übungsbuch** helfen Ihnen dabei.

ÜB!

Zweisprachigkeit und Fremdsprachen

Wer mit zwei Sprachen aufwächst, scheint einen Schutzfaktor gegen Demenz aufzubauen. Ein Forscherteam der Universität Toronto in Kanada verglich 228 Patienten einer

> Mehrsprachigkeit scheint den Beginn der Demenz um mehrere Jahre verzögern zu können.

Gedächtnisambulanz. Das Ergebnis war eindeutig: Bei den zweisprachigen Versuchspersonen hatten sich die Symptome einer Demenz im Durchschnitt vier Jahre später entwickelt als bei einsprachigen PatientInnen. Mehrsprachigkeit scheint den Beginn der Demenz um mehrere Jahre verzögern zu können (Bialystok, Craik, & Freedman, 2007).

Wissenschaftler vermuten, dass der Wechsel zwischen zwei Sprachen geistig fit hält und Kontrollmechanismen trainiert. In jeder Situation müssen Begriffe einer Sprache aktiviert und die der anderen Sprache unterdrückt werden. Wer aktiv mehrere Sprachen spricht, trainiert so sein Gehirn.

§ 54: Lernen Sie eine Fremdsprache

Welche Sprache wollten Sie immer schon beherrschen? Besorgen Sie sich Musik in dieser Sprache, versuchen Sie einen Film in der fremden Sprache zu sehen oder buchen Sie einen Sprachkurs. Studien zeigen, dass wir in jedem Alter erfolgreich eine Fremdsprache erlernen können. Wortschatz, Grammatik und Sprachverständnis können Erwachsene fehlerfrei erlernen.

AUF BESTEM WEG: TRAINIEREN SIE IHREN ORIENTIERUNGSSINN

Genau wie alle anderen Funktionen unseres Gehirns geht auch unser Orientierungssinn verloren, wenn wir ihn nicht nützen.

§ 55: Trainieren Sie Ihren Orientierungssinn

Achten Sie auf die Route, die Sie gehen oder fahren, auch wenn Sie mit anderen Personen unterwegs sind. Halten Sie zwischendurch ab und zu inne, um sich zu überlegen, ob Sie den Weg zurück alleine finden würden.

Wenn Sie mit einem Navigationsgerät unterwegs sind, schalten Sie es ab und zu aus und versuchen Sie, alleine den Weg zurück zu finden.

§ 56: So merken Sie sich Wegbeschreibungen

Wenn wir in einer Umgebung nicht vertraut sind, ist es besonders schwierig, Wegbeschreibungen im Kopf zu behalten. Machen Sie sich darum Notizen von längeren Routen. Am besten ist es, wenn Sie Richtungsanweisungen nicht nur aufschreiben, sondern sich auch eine kleine Skizze dazu machen. Zeichnen Sie aus der Vogelperspektive und tragen Sie jeden Richtungswechsel ein. Markieren Sie Merkmale, die Ihnen in der Beschreibung genannt werden.

Weiteres Training für Ihren Orientierungssinn finden Sie im Kapitel „Orientierung" im **Übungsbuch**.

ÜB!

ZUSAMMENFASSUNG: WAS NEHMEN SIE SICH AUS DIESEM KAPITEL MIT?

- *Damit unser Gehirn seine volle Leistungsfähigkeit behält, müssen wir seine Fähigkeiten aktiv nützen.*

- *Gehirntraining ist dann effektiv, wenn Sie Ihr Gehirn vor neue geistige Herausforderungen stellen.*

- *Die Wahrnehmung ist die Pforte in unser Gedächtnis. Ohne Aufmerksamkeit wird nicht gelernt.*

- *Viele Gedächtnisfehler im Alltag passieren aus Unachtsamkeit. Steigern Sie Ihre Aufmerksamkeit um sich an Ihren Autoparkplatz zu erinnern, den Herd sicher abzudrehen und zu wissen, warum Sie in den Keller gegangen sind.*

- *In unserem Arbeitsgedächtnis ist Platz für sieben Informationen. Diese Kapazität können Sie durch Training erhöhen.*

- *Ein Training des Arbeitsgedächtnisses erhöht Ihre allgemeine Problemlösefähigkeit, die so genannte fluide Intelligenz.*

- *Besonders wirkungsvoll ist Gedächtnistraining, das Sie in Ihren Alltag integrieren.*

- *Wir merken uns Namen deswegen so schlecht, weil sie keine Bedeutung haben. Wenn wir uns Namen bildlich vorstellen, merken wir sie uns leichter.*

- *Listen, Notizen und spezielle Ablageorte entlasten unser Gedächtnis und können Ressourcen für andere Aufgaben freimachen. Leichte Aufgaben sollte man allerdings ohne Gedächtnishilfen bewältigen, um das Gehirn fit zu halten.*

- *Sprache und Denken sind eng mit einander verknüpft. Wer viel liest und regelmäßig schreibt, kann Wortfindungsstörungen vorbeugen.*

2 KÖRPERLICHE FITNESS

Hier ist Platz für Ihre persönlichen Fragen und Anmerkungen:

EIN GESUNDER GEIST...

„...Mens sana in corpore sano"
„...Ein gesunder Geist in einem gesunden Körper."
(Juvenal, Satiren 10, 356)

Anne Corbett, Demenzforscherin und Mitglied der *Britischen Alzheimer Gesellschaft* ist davon überzeugt, dass körperliche Gesundheit ausschlaggebend für unsere geistige Fitness ist: „Die Prävention von Demenz gründet einzig auf einem täglich gesunden Lebensstil" (Naish, 2012).

§ 57: Gehen Sie regelmäßig zur Gesundenuntersuchung

Vorbeugen ist besser als Heilen. Eine Gesundenuntersuchung dient der Vorsorge.

- *In Österreich hat jede Person ab dem 19. Lebensjahr einmal im Jahr Anspruch auf eine kostenlose Vorsorgeuntersuchung.*

- *In Deutschland ist ab dem 36. Lebensjahr alle zwei Jahre ein sogenannter „Gesundheits-Check-up 35+" vorgesehen.*

Im Rahmen einer Vorsorgeuntersuchung wird der Körper gezielt nach Anzeichen häufiger Krankheiten untersucht, Blut- und Harnwerte geben zusätzlich Auskunft über den Gesundheitszustand.

Statistiken zeigen, dass leider nur wenige Personen dieses Angebot annehmen. Nützen Sie die Chance, Gesundheitsrisiken und mögliche Erkrankungen frühzeitig zu erkennen.

Herz-Kreislauf-Erkrankungen

> Was für unser Herz gut ist, ist auch für unser Gehirn gut.

Als Dr. Alzheimer das Gehirn seiner Patientin Auguste D. (siehe S. 58) untersuchte, fand er nicht nur die für die Alzheimer-Krankheit typischen Ablagerungen, sondern auch deutliche Anzeichen von Arteriosklerose, einer Verkalkung der Arterien.

Im Rahmen der „Nonnenstudie" (siehe S. 126) wurde ebenfalls deutlich, dass eine Alzheimer-Demenz häufig im Zusammenhang mit Herz-Kreislauf-Erkrankungen auftritt. Snowdon hält fest: „Wir schlossen daraus, dass viele Schwestern – trotz Gehirnschäden durch Alzheimer – eine Demenz vermeiden konnten, weil sie keine kleinen Schlaganfälle erlitten hatten." Laut Snowdon ein Grund zur Hoffnung: „Während wir noch nicht wissen, wie wir die senilen Plaques und Tangles der Alzheimer-Krankheit verhindern können, haben wir effektive Strategien, einen Schlaganfall zu vermindern." (Snowdon, 2002, S. 155).

Risikofaktor Bluthochdruck

Bluthochdruck schädigt Gefäße und fördert Arteriosklerose. Größere Gefäße werden weniger gut durchblutet, kleinere Gefäße verschließen sich möglicherweise komplett. Dies führt zu einer verschlechterten Sauerstoffversorgung der Nervenzellen und deren Schutzhüllen. Außerdem wird dadurch die Bluthirnschranke geschwächt, Infektionen und Giftstoffe gelangen ins Gehirn und führen zu weiteren Schäden.

Nervenzellen, die durch Sauerstoffunterversorgung und Schadstoffe beeinträchtigt sind, sind offensichtlich anfälliger für die Folgen der Alzheimer-Krankheit. Luiza Spiru von der *AAI Academy of Aging* in

Bukarest bringt die Sache auf den Punkt: „Was für unser Herz gut ist, ist auch für unser Gehirn gut" (Spiru, 2012), ein Satz der im Zusammenhang mit Alzheimer-Prävention häufig genannt wird.

§ 58: Senken Sie Ihren Blutdruck

Blutdrucksenkende Mittel alleine reichen nicht aus, um den Blutdruck erfolgreich zu kontrollieren. Gewichtskontrolle und vor allem regelmäßige Bewegung sind ebenfalls entscheidend. Versuchen Sie außerdem, Ihren Kochsalz-Konsum einzuschränken: Kochen Sie mit weniger Salz und salzen Sie beim Essen nicht nach.

Zuckerkrankheit

> Eine Zuckerkrankheit verdoppelt das Risiko, an einer Demenz zu erkranken.

Durch eine schlechte Stoffwechseleinstellung bei der Zuckerkrankheit (Diabetes Mellitus) kommt es zu einem weiteren Anstieg des Blutdrucks und Fortschreiten der Gefäßschädigungen. Dadurch wird das Gehirn schlechter durchblutet, Gedächtnisstörungen sind möglich. Eine Zuckerkrankheit verdoppelt das Risiko, an einer Demenz zu erkranken (A. Ott u. a., 1999).

§ 59: Vermeiden Sie einen unregelmäßigen Blutzuckerspiegel

Im Fall einer Zuckerkrankheit ist eine sorgfältige Einstellung der Blutzucker- und Insulinwerte entscheidend für Ihre langfristige Gesunderhaltung.

Aber auch kurzfristig wirkt sich der Blutzuckerspiegel auf Ihre Leistungsfähigkeit aus. Ihre Nervenzellen brauchen Zucker, um arbeiten zu können. Ist der Blutzuckerspiegel zu niedrig, fehlt es Ihrem Gehirn an Energie. Auch ein zu hoher Blutzuckerspiegel hat einen negativen Einfluss auf Ihre geistige Leistungsfähigkeit.

Übrigens: Sogenannte „Diabetikerlebensmittel" werden von Fachleuten nicht empfohlen! Die meisten „Diät"-Produkte enthalten zwar weniger Zucker, dafür aber mehr Fett und wirken sich somit gar nicht gut auf Gewicht und Gesundheit aus. Ebenso wird davon abgeraten, Fruchtzucker (Fructose) statt normalem Zucker zu verwenden, da Fruchtzucker unseren Stoffwechsel ungünstig beeinflusst und die Einlagerungen von Fetten fördert (Bundesinstitut für Risikobewertung, 2009).

Schädel-Hirn-Trauma

Eine „Gehirnerschütterung" wird häufig unterschätzt. Tatsache ist, dass jedes Schädel-Hirn-Trauma das Risiko erhöht, an Alzheimer zu erkranken.

Sport und Bewegung trainieren Ihr Gleichgewicht und stärken Ihre Muskeln und helfen so, Stürze zu vermeiden.

§ 60: Tragen Sie einen Sporthelm

Ein Helm schützt Sie im Falle eines Sturzes, bei Zusammenstößen oder vor herunterfallenden Steinen.

Schützen Sie Ihr Gehirn im Wintersport, beim Fahrradfahren, beim Klettern …

§ 61: Vermeiden Sie gefährliche Situationen

Im eigenen Haushalt passieren die meisten Unfälle. Legen Sie darum Gegenstände, die Sie häufig nützen, in Regale in Greifhöhe, damit Sie es vermeiden können, auf Sessel oder Hocker zu steigen um die obersten Fächer zu erreichen.

DU BIST, WAS DU ISST …

Übergewicht

Übergewicht steigert das Demenz-Risiko um 74% (Whitmer, 2005).

§ 62: Kennen Sie Ihren Body Mass Index

Der Body-Mass-Index, BMI beschreibt das Gewicht im Verhältnis zur Körpergröße und ist ein gutes Maß zur Einschätzung des eigenen Köpergewichts.

So berechnen Sie Ihren Body Mass Index:

$$BMI = \frac{\text{Gewicht (kg)}}{\text{Größe (m)}^2}$$

Sie können Ihren BMI auch in dieser Tabelle finden. Suchen Sie Ihr Gewicht und Ihre Größe, der entsprechende BMI-Wert findet sich an der Kreuzungsstelle.

	1,60 m	1,65 m	1,70 m	1,75 m	1,80 m	1,85 m	1,90 m	1,95 m	2,00 m
120 kg	47	44	42	39	37	35	33	32	30
115 kg	45	42	40	38	35	34	32	30	29
110 kg	43	40	38	36	34	32	30	29	28
105 kg	41	39	36	34	32	31	29	28	26
100 kg	39	37	35	33	31	29	28	26	25
95 kg	37	35	33	31	29	28	26	25	24
90 kg	35	33	31	29	28	26	25	24	23
85 kg	33	31	29	28	26	25	24	22	21
80 kg	31	29	28	26	25	23	22	21	20
75 kg	29	28	26	24	23	22	21	20	19
70 kg	27	26	24	23	22	20	19	18	18
65 kg	25	24	22	21	20	19	18	17	16
60 kg	23	22	21	20	19	18	17	16	15
55 kg	21	20	19	18	17	16	15	14	14
50 kg	20	18	17	16	15	15	14	13	13

So beurteilen Sie Ihr Ergebnis:

BMI 19 – 25: Normalgewicht.

BMI 25 – 30: Übergewicht

BMI >30: Fettleibigkeit

> Übergewicht steigert das
> Demenz-Risiko um 74%.

Seien Sie vorsichtig mit „Wunderdiäten", die eine schnelle Gewichtsreduktion in kurzer Zeit versprechen. Wenn Sie Ihr neues Gewicht langfristig halten wollen, können Sie nicht mehr als ein halbes Kilo pro Woche abnehmen.

Die Weisheit mit dem Löffel essen

Die richtigen Nahrungsmittel können schlau machen, aber Sie können sich auch dumm essen. Zahlreiche Studien zeigen, dass Fast Food unsere Denkleistung beeinträchtigt (Bayer-Carter u. a., 2011; Gomez Pinilla, 2006; Parrott & Greenwood, 2007).

§ 63: Essen Sie sich schlau

Viele sind auf der Suche nach einem Wundernahrungsmittel: der täglichen Handvoll Nüsse oder Heidelbeeren, die ein Leben voller Junkfood, Torten und Alkohol ausgleichen soll. So eine Handvoll Wundermittel gibt es nicht.

Was unser Gehirn braucht, sind vielfältige regionale und saisonale Nahrungsmittel, die frisch zur Verfügung stehen. Ein paar konkrete Inhaltsstoffe, die für unser Gehirn wichtig sind, werden im Anschluss vorgestellt.

Omega 3 Fettsäuren

Neben Eiweiß ist Fett ein Hauptbestandteil unseres Gehirns. Ein wichtiger Bestandteil sind Omega 3 Fettsäuren, ungesättigte Fette, die in Fischöl und Pflanzenöl enthalten sind.

§ 64: Essen Sie, wenn möglich, regelmäßig Fisch

Quellen für Omega 3 Fettsäuren sind Kaltwasserfische wie Lachs, Makrele oder Hering. Gütesiegel, wie das weltweit anerkannte blaue Siegel des MSC (Marine Stewardship Council) garantieren nachhaltigen Fischfang.

§ 65: Steigen Sie auf Rapsöl um

Omega-3-Fettsäuren sind in verschiedenen Ölen enthalten, wie etwa Leinöl oder Walnussöl aber auch Rapsöl. Rapsöl enthält mehr Omega-3-Fettsäuren als andere Speiseöle!

Oxidativer Stress

Freie Radikale sind Moleküle, denen ein Elektron fehlt. Sie werden frei, wenn eine Zelle Nährstoffe mit Sauerstoff oxidiert. Wenn eine Zelle in unserem Körper Energie braucht, verbrennt sie Nährstoffe wie Glucose oder Fettbausteine. Dabei entstehen freie Radikale. Weil den freien Radikalen ein Elektron fehlt, sind sie instabil und möchten Elektronen aus ihrer Umgebung aufnehmen. Dieses Abziehen von Elektronen verursacht Schäden an anderen Molekülen. Man vermutet, dass dieser sogenannte „oxidative Stress" mitverantwortlich ist für Alterungsprozesse in unseren Zellen.

§ 66: So halten Sie Ihre Zellen jung

In manchen Lebensmitteln sind Antioxidantien enthalten, die oxidativen Stress vermindern können. Sie wirken als „Radikalfänger" und machen die freiwerdenden Radikale unschädlich.

Antioxidantien finden sich in Zwiebeln, Knoblauch und Kohlgewächsen, aber auch in dunklen Früchten wie Heidelbeeren, Brombeeren, Zwetschken, Erdbeeren, Holunder, Feigen, Kirschen, Orangen. In Trockenobst liegen Antioxidantien oft in konzentrierter Form vor.

Dieser antioxidative Effekt ist der Grund, warum ein Gläschen Rotwein unserer Gesundheit gut tun soll. Rotwein enthält – genau wie rote Weintrauben und grüner Tee – Polyphenole. Der anerkannte Gedächtnisexperte Dal Bianco warnt allerdings vor regelmäßigem Alkoholkonsum: „Die Evidenz für eine Schutzfunktion mäßigen Weinkonsums ist nicht ausreichend, um dafür in Anbetracht der Suchtgefahr eine allgemeine Empfehlung auszusprechen" (Dal-Bianco, 2009, S. 67). Statt rotem Wein ist folglich eher grüner Tee als regelmäßiges Getränk zu empfehlen.

Unter den Vitaminen sind vor allem die Vitamine C und E als Antioxidantien bekannt. Ihren täglichen Bedarf an Vitamin C können Sie mit frischem Obst decken. Vitamin E ist in Pflanzenölen wie Sonnenblumenkernöl, Olivenöl, aber auch Rapsöl enthalten. Vitaminpräparate und Lebensmittel, denen diese Vitamine künstlich zugesetzt worden sind, sind in der Regel nicht zu empfehlen.

Homocystein senken

Homocystein ist ein Zwischenprodukt des Stoffwechsels und findet sich in geringen Mengen in unserem Blut. In erhöhten Konzentrationen schädigt es allerdings die Blutgefäße und wirkt sich möglicherweise auf unser Gehirn negativ aus.

Darum ist es wichtig, den Homocystein-Spiegel niedrig zu halten. Dafür benötigt unser Körper Vitamine: Folsäure, Vitamin B6 und Vitamin B12.

§ 67: Entscheiden Sie sich für Vollkornprodukte

Folsäure findet sich in Getreiden, Nüssen und Hefen. Vollkornbrot stellt daher eine gute Quelle dar. Folsäure ist in Gemüse (vor allem in grünem Blattgemüse), aber auch in Eigelb und Leber enthalten. (Allerdings sollten Innereien wie Leber wegen der hohen Schadstoffbelastung maximal einmal pro Woche auf dem Speiseplan stehen). Lebensmittel sollten während der Zubereitung nicht allzu sehr erhitzt werden, da Folsäure sehr hitzeempfindlich ist.

Wir brauchen **Vitamin B6** für den Eiweiß-Stoffwechsel. Je mehr Fleisch wir essen, desto mehr Vitamin B6 benötigen wir. Vitamin B6 ist in vielen Lebensmitteln in geringen Mengen enthalten. Gute

Quellen sind Vollkornprodukte, Hefe, Nüsse, Leber, Gemüse (z.B. in grünen Bohnen) und Obst (z.B.: Bananen).

Vitamin B12 findet sich in Fleisch, Eiern und Milchprodukten und wird sehr lange in der Leber gespeichert.

Aktuelle Studien untersuchen die Wirkung von Medikamenten oder Nahrungsergänzungsmitteln, die den Homocystein-Spiegel senken sollen, bisher leider ohne Erfolge: „Eine prophylaktische oder therapeutische Anwendung von Folsäure und Vitamin B12 hinsichtlich Kognition ist bis dato nicht erwiesen" (Dal-Bianco, 2009, S. 44). Achten Sie auf eine ausgewogene Ernährung, um Ihrem Gehirn die notwendigen Vitamine zur Verfügung zu stellen.

Der richtige Umgang mit Nahrungsergänzungsmitteln

Nahrungsergänzungsmittel stellen eine Grenze zwischen Arzneimittel und Lebensmittel dar. Nahrungsergänzungsmittel sollen dabei helfen, die üblicherweise aufgenommene

> Leider gibt es für keine einzige Substanz einen eindeutigen Wirksamkeitsnachweis.

Nahrung mit wichtigen Stoffen wie Vitaminen oder Spurenelementen zu ergänzen. Auch zur Demenz-Prophylaxe werden zahlreiche Nahrungsergänzungsmittel angepriesen, doch es gibt Grund zur Vorsicht: Von der Werbung werden wir nicht immer richtig informiert, und zahlreiche Empfehlungen sind schlicht und einfach falsch.

• *Kein Wirksamkeitsnachweis: Leider gibt es für keine einzige Substanz einen eindeutigen Wirksamkeitsnachweis (E. Ott, 2012), deshalb können zurzeit keine Nahrungsergänzungsmittel empfohlen werden (siehe S. 190).*

- **Isolierte Wirkstoffe weniger nützlich:** *Wirkstoffe werden für Nahrungsergän-zungsmittel isoliert. Eine derartig abgesonderte Variante ist nicht vergleichbar mit der natürlichen Form, da die vielfältigen Wechselwirkungen zwischen unterschiedlichen Inhaltsstoffen nicht geklärt sind. Es gibt deutliche Hinweise darauf, dass unser Körper einzelne Wirkstoffe nur in Kombination mit anderen Substanzen aufnehmen und verarbeiten kann. Aus diesem Grund ist es wahr-scheinlich keine einzelne Substanz, die wir unserem Körper zuführen müssen, sondern die richtige Kombination. So ist Vitamin E aus der Avocado wirksamer als das Vitamin E aus einer Tablette. Es ist günstiger, Gemüse oder Obst selbst zu essen, anstatt einzelne Bestandteile in Tablettenform einzunehmen.*

- **Zuviel des Guten:** *Bereits Paracelsus wusste: „Die Dosis macht das Gift". Das gilt sogar für Vitamine und andere Zusatzstoffe. Edgar Miller von der University of Baltimore in den U.S.A. wertete die Daten von 19 Studien mit mehr als 135.000 TeilnehmerInnen aus und verglich Sterberaten mit der Einnahme von Vitamin E. Das erschreckende Ergebnis: Bei einer hohen Dosierung des Vitamins nahm die Sterblichkeit zu! Vitamin E hatte sich von einem Schutzfaktor in einen Risikofaktor gewandelt (E. R. Miller 3rd u. a., 2005).*

§ 68: Seien Sie kritisch mit Nahrungsergänzungsmitteln

> Kein Nahrungsergänzungsmittel kann eine ausgeglichene Ernährung ersetzen.

Kein Nahrungsergänzungsmittel kann eine ausgeglichene Ernährung ersetzen. Nahrungsergänzungsmittel sind dazu da, Mangelerscheinungen auszugleichen. Nehmen Sie sie darum nur, wenn ein Mangel bekannt ist. Behandeln Sie Nahrungsergänzungsmittel wie Arznei-mittel und nehmen Sie sie regelmäßig, in der vorgeschriebenen Dosierung und nur nach ärztlicher Rücksprache ein.

Gingko Biloba: Tabletten alleine halten uns nicht fit

Gingko Biloba scheint sich auf den Verlauf einer Alzheimer Demenz gut auszuwirken.

In mehreren Studien wurde getestet, ob sich dieses pflanzliche Präparat, das in der chinesischen Heilkunde seit langem im Einsatz ist, eignet, um den Beginn einer Demenz zu verhindern oder hinauszuzögern. Anfängliche Studien zeigten positive Ergebnisse, wurden allerdings nur mit wenigen Versuchspersonen durchgeführt. Aktuellere, größer angelegte Studien konnten leider keine vorbeugende Wirkung feststellen. Aus dem Grund ist Gingko Biloba im Vergleich zu anderen Nahrungsergänzungsmitteln zwar sehr vielversprechend, kann aber von Ärzten nicht zur Prophylaxe einer Demenz empfohlen werden (Dal-Bianco, 2009; Wollen, 2010).

Trinken hält jung

Durch Austrocknung häufen sich Giftstoffe in unserem Körper. Dies beschleunigt Alterungsprozesse. Auf Seite 66 haben Sie erfahren, dass Austrocknung demenzähnliche Symptome verursachen kann. Wasser ist für unser Gehirn von größter Wichtigkeit.

§ 69: Trinken Sie 6 – 8 Gläser pro Tag

Einen Teil Ihres Flüssigkeitsbedarfs decken Sie über Wasser, das sich in Nahrungsmitteln findet. Gurken und Wassermelonen bestehen großteils aus Wasser. So nehmen Sie etwa einen Liter Flüssigkeit pro Tag über Ihre Nahrung auf. Zusätzlich sollten Sie mindestens 1,5 Liter pro Tag trinken.

ALKOHOL UND NIKOTIN SCHÄDIGEN DAS GEHIRN

Genussmittel wie Alkohol und Nikotin wirken neurotoxisch, also giftig, und belasten so die Nervenzellen in Ihrem Gehirn.

§ 70: Hören Sie auf zu Rauchen, dafür ist es nicht zu spät

Was bringt es Ihnen, mit dem Rauchen aufzuhören? Die Amerikanische Krebs-Gesellschaft fasst zusammen, wie sich Ihr Körper vom Zigarettenrauch erholt (American Cancer Society, 2012):

Zeitpunkt	Was passiert in Ihrem Körper?	Was merken Sie?
nach 12 Stunden:	Der Kohlenmonoxid-Spiegel in Ihrem Blut normalisiert sich (Surgeon General, 1988)	Ihr Blut kann mehr Sauerstoff transportieren. Bereits jetzt werden Gehirn und Muskeln besser versorgt.
nach 2 Wochen bis 3 Monaten:	Ihr Blutkreislauf kommt in Schwung und die Lungenfunktion verbessert sich (Samet, 1990)	Sie fühlen sich fitter und kommen nicht mehr so schnell außer Atem
nach 1 bis 9 Monaten:	Haarzellen in der Lunge gewinnen ihre normale Leistungsfähigkeit zurück, wodurch Schleim besser abtransportiert werden kann und das Risiko für Infektionen sinkt (Samet, 1990)	Sie können frei atmen, Hustenanfälle gehen zurück

nach 1 Jahr	Das Herzinfarkt-Risiko beträgt die Hälfte eines Rauchers (Surgeon General, 2010)
Nach 5 Jahren	Das Krebsrisiko für Mund, Hals, Speiseröhre und Harnblase hat sich halbiert Das Schlaganfallrisiko ist reduziert. (Surgeon General, 2010) *Das Demenzrisiko sinkt.* (Schmitz, 2011)
Nach 10 Jahren	Das Lungenkrebsrisiko beträgt die Hälfte eines aktiven Rauchers. (Surgeon General, 2010)
Nach 15 Jahren	Das Risiko eines Herzinfarkts entspricht dem eines Nicht-Rauchers (Dresler & Leon, 2007) *Das Demenzrisiko entspricht dem eines Nichtrauchers.* (Schmitz, 2011)

§ 71: Genießen Sie Alkohol in Maßen

Sie haben bereits erfahren, welche Auswirkungen Alkohol auf unser Gehirn hat.

Der Audit-Test ist ein Fragebogen, der von der WHO empfohlen wird, um einen kritischen Alkoholkonsum zu erkennen (Saunders, Aasland, Babor, de la Fuente, & Grant, 1993). Sie finden den Fragebogen auf der nächsten Seite.

AUDIT – Screeningtest zur Ermittlung einer Alkoholproblematik

In diesem Fragebogen werden Sie nach Ihren Trinkgewohnheiten gefragt.

Bitte beantworten Sie die Fragen so genau wie möglich, indem Sie das entsprechende Feld ankreuzen.

Punkte:	0	1	2	3	4
1. Wie oft nehmen Sie alkoholische Getränke zu sich?	nie	einmal im Monat oder seltener	2- bis 4-mal im Monat	2- bis 3-mal pro Woche	4-mal oder öfters pro Woche
2. Wenn Sie Alkohol trinken, wie viele Gläser trinken Sie dann üblicherweise an einem Tag? 1 Glas Alkohol entspricht 0,3l Bier oder 1/8 Wein/Sekt oder 1 einfachen Schnaps (2 cl, 38%).	1 – 2	3 – 4	5 – 6	7 – 9	10 oder mehr
3. Wie oft trinken Sie sechs oder mehr Gläser Alkohol bei einer Gelegenheit?	nie	seltener als einmal pro Monat	einmal pro Monat	einmal pro Woche	täglich oder fast täglich
4. Wie oft stellten Sie im letzten Jahr fest, dass Sie mit dem Trinken nicht mehr aufhören können, nachdem Sie einmal begonnen hatten?	nie	seltener als einmal pro Monat	einmal pro Monat	einmal pro Woche	täglich oder fast täglich
5. Wie oft hinderte Sie im Verlauf des letzten Jahres Ihr Alkoholkonsum, das zu tun, was von Ihnen erwartet wurde?	nie	seltener als einmal pro Monat	einmal pro Monat	einmal pro Woche	täglich oder fast täglich

6. Wie oft brauchten Sie während es letzten Jahres am Morgen ein erstes Glas Alkohol um sich wieder fit zu fühlen, nachdem Sie am Vortag viel getrunken hatten?	nie	seltener als einmal pro Monat	einmal pro Monat	einmal pro Woche	täglich oder fast täglich
7. Wie oft hatten Sie im letzten Jahr Gewissensbisse oder fühlten sich schuldig nachdem Sie getrunken hatten?	nie	seltener als einmal pro Monat	einmal pro Monat	einmal pro Woche	täglich oder fast täglich
8. Wie oft haben Sie sich im letzten Jahr nicht mehr an den vorangegangenen Abend erinnern können, weil Sie getrunken hatten?	nie	seltener als einmal pro Monat	einmal pro Monat	einmal pro Woche	täglich oder fast täglich
9. Haben Sie sich oder eine andere Person unter Alkoholeinfluss schon einmal verletzt?	nein		ja, aber nicht in den letzten 12 Monaten		ja, in den letzten 12 Monaten
10. Hat ein Verwandter, Freund oder auch ein Arzt schon einmal Bedenken wegen Ihres Trinkverhaltens geäußert oder vorgeschlagen, dass Sie Ihren Alkoholkonsum einschränken?	nein		ja, aber nicht in den letzten 12 Monaten		ja, in den letzten 12 Monaten
Gesamtpunktezahl					

(nach Saunders u. a., 1993)
Wiedergabe mit freundlicher Genehmigung der World Health Organization Press
Copyright 1993

So berechnen Sie Ihr Ergebnis:

In der ersten Zeile steht, wie viele Punkte pro Spalte vergeben werden. Zählen Sie Ihre Punkte zusammen.

So interpretieren Sie Ihr Ergebnis:

- *0 – 6 Punkte:* niedriges Risiko

- *7 Punkte – Risikostufe 1:* Sie befinden sich im Grenzbereich. Die WHO stuft einen Alkoholkonsum bei Frauen und Personen ab 65 Lebensjahren bereits bei 7 erreichten Punkten als riskant ein.

- *8 – 15 Punkte – Risikostufe 2:.* Ab diesem Wert spricht die WHO von einem riskanten und gefährlichen Alkoholkonsum. Es besteht ein Risiko, alkoholabhängig zu werden, möglicherweise sind bereits Folgeerscheinungen des Alkoholkonsums vorhanden.

- *16 – 19 Punkte – Risikostufe 3:* Ihr Alkoholkonsum gefährdet Ihre Gesundheit. Das Risiko einer Alkoholabhängigkeit ist hoch.

- *Ab 20 Punkten – Risikostufe 4:* Gesundheitsschäden und Abhängigkeit sind sehr wahrscheinlich.

Der AUDIT-Test dient zur schnellen Selbsteinschätzung der eigenen Trinkgewohnheiten, kann aber nicht das ärztliche Gespräch ersetzen. Wenn Sie mehr als 7 Punkte erreicht haben sollten Sie Ihr Ergebnis mit Ihrer Ärztin / Ihrem Arzt besprechen.

IN SCHWUNG KOMMEN: BEWEGUNG FÜRS GEHIRN

„Bewegung schafft ein stärkeres, schnelleres Gehirn" sagt Beverly Engel, Koordinatorin der *Alzheimer's Association* in Florida (Cevallos, 2010). Und zahlreiche wissenschaftliche Studien geben ihr Recht.

So beispielweise die SimA Studie, eine Langzeitstudie die seit 1991 durchgeführt wird. SimA steht für „selbständig im Alter" und im Rahmen dieser Studie werden Strategien entwickelt, die eine möglichst lange Selbstständigkeit ermöglichen sollen. Am Wirksamsten hat sich dabei eine bestimmte Herangehensweise erwiesen: die Kombination von Gedächtnistraining mit Bewegungsübungen (Oswald u. a., 2002).

Warum Bewegung für das Gehirn wichtig ist:

Die Nervenzellen in Ihrem Gehirn benötigen Sauerstoff, um wirksam arbeiten zu können. Durch Bewegung aktivieren Sie Ihren Kreislauf, der Blutfluss zum Gehirn verbessert sich so. Neben Sauerstoff erreichen auch Nährstoffe durch den optimierten Blutfluss unser Gehirn schneller.

Zusätzlich regt Bewegung die Ausschüttung zahlreicher Botenstoffe an:

- *Endorphine: Endorphine sind die körpereigenen „Glückshormone". Sie erklären den Zustand der Hochstimmung, den ein Läufer nach einigen Minuten wahrnimmt, aber auch das angenehme Gefühl, das Sie nach einem Spaziergang haben.*

- *Serotonin: Serotonin ist das „Wohlfühlhormon" unseres Gehirns. Wann immer Ihnen etwas Angenehmes widerfährt, wird genau dieser Botenstoff ausgeschüttet. Sie fühlen sich gut und werden geistig leistungsfähiger. Bewegung regt die Serotonin-Produktion an.*

- *Gehirn-Wachstumsfaktor BDNF (brain-derived neurotrophic factor): Bei diesem Stoff handelt es sich um das „Wachstumshormon" der Nervenzellen. Wird der Wachstumsfaktor ausgeschüttet, wird die Neubildung von Nervenzellen* und der Nervenzellverbindungen angeregt: Durch Bewegung wird unser Gehirn groß und stark.

- **Gefäß-Wachstumsfaktor VEGF** (vascular endothelial growth factor): Schließlich werden durch Bewegung auch unsere Gefäße zu Wachstumsprozessen angeregt. Dadurch wird die Blutversorgung des Gehirns optimiert, die Nervenzellen erhalten mehr Sauerstoff und können besser arbeiten.

Andere Botenstoffe werden durch Bewegung reduziert, hierzu zählen in erster Linie die Stresshormone (mehr zum Thema Stress und Gehirn ab S. 220). Bewegung baut Stress ab und entspannt. Eine Stressreaktion erhöht Zucker- und Fettwerte im Blut. Bewegung verbraucht Zucker und Fette und beugt so Arteriosklerose und Diabetes vor.

Bewegen, aber wie?

Da die gesteigerte Leistung unseres Gehirns unter anderem einer verbesserten Sauerstoffzufuhr zuzuschreiben ist, gilt es herauszufinden, welche Bewegungen unseren Sauerstoff- und Energieumsatz besonders steigern. Der Energieverbrauch unterschiedlicher Bewegungen wird durch das Metabolische Äquivalent (MET) angegeben. 1 MET entspricht einem bestimmten Sauerstoffumsatz pro Kilogramm Körpergewicht. Je höher der MET-Wert, desto höher der Sauerstoffumsatz, das bedeutet, umso mehr wird die Sauerstoffversorgung des Gehirns gesteigert (Ainsworth u. a., 2000):

- leichter Energieumsatz: <3 MET
- mäßiger Energieumsatz: 3 – 6 MET
- starker Energieumsatz: >6 MET

Im fortgeschrittenen Alter kann bereits mit 3 bis 6 MET ein Trainingseffekt erzielt werden. Sportwissenschaftler empfehlen darum eine mäßige Trainingsintensität um den Sauerstoffumsatz unseres Gehirns zu optimieren (M. Heller, 2012).

§ 72: Bewegen Sie sich mit Schwung

Es ist nicht nur wichtig, dass Sie sich bewegen, sondern auch entscheidend, wie.

Wenn Sie mit dem Fahrrad unterwegs sind und entspannt in die Pedale treten (etwa 9 km/h) dann gilt ein Wert von 3,5 MET. Wenn Sie sich nur ein wenig mehr ins Zeug legen und mit etwa 15 km/h radeln, erhöht sich der MET-Wert bereits auf 5,8.

Ein langsamer Spaziergang (etwa 4 km/h) erreicht MET-Werte zwischen 2 und 3. Sobald Sie bewusst und mit kräftigen Schritten flott unterwegs sind (etwa 5,5 km/h) steigt der MET-Wert locker auf 4 bis 5 Punkte.

Dies gilt für alle Sportarten. Brustschwimmen etwa kann zwischen 4 und 10 MET-Punkte erreichen, je nach dem, wie sehr Sie sich ins Zeug legen.

Denken Sie daran, dass jede Bewegung mehr bringt, wenn Sie sie bewusst und mit entsprechendem Einsatz durchführen, ohne sich jedoch dabei zu stark zu verausgaben. Wer möchte, kann die Atmung als Steuerungsmittel einsetzen:

„Wer beim Bewegen noch ruhig atmen und sich gegebenenfalls mit seinem Nachbarn unterhalten kann, der bewegt sich im ‚grünen Bereich'. Wer jedoch ‚außer Atem' gerät, sollte unbedingt zurückrudern" (M. Heller, 2012).

§ 73: So wird Hausarbeit zur Trainingseinheit

Für jede alltägliche Bewegung gilt, dass sie den Energieumsatz steigern kann und damit die Sauerstoffversorgung Ihres Gehirns positiv beeinflusst. Wenn Sie Haushaltstätigkeiten mit Schwung erledigen, kann Hausarbeit zur Trainingseinheit werden.

Kreuzen Sie Tätigkeiten an, die Sie sich vornehmen könnten:

- *Aufräumen und Putzen*

- *Staubsaugen*

- *Fenster putzen*

- *Wäsche waschen und aufhängen*

- *aktiv mit Kindern spielen*

- *Reparaturarbeiten*

- *Rasen mähen, Gartenarbeit*

- *Schneeschaufeln*

- *...*

Ausdauertraining für Ihr Gehirn

> Zahlreiche Studien zeigen die positiven Effekte von Ausdauertraining auf unser Gehirn.

Zahlreiche Studien belegen die positiven Effekte von Ausdauertraining auf unser Gehirn. Der amerikanische Psychologe Arthur Kramer untersuchte den Effekt von Ausdauertraining. Versuchspersonen, die sechs Monate lang dreimal pro Woche 45 Minuten spazieren gingen hatten ein besseres Arbeitsgedächtnis, konnten besser planen und voraus denken und schnitten bei Konzentrationsübungen besser ab als jene Versuchspersonen, die stattdessen Kräftigungs- und Dehn-übungen absolvierten (Kramer u. a., 1999).

Zu ähnlichen Ergebnissen kam Laura Baker von der Universität Washington. Sie wählte Personen, bei denen eine „Leichte Kognitive Beeinträchtigung" (siehe S. 103) diagnostiziert worden war, die in manchen Fällen in eine Demenz übergeht. Versuchspersonen, die regelmäßig zwischen 45 und 60 Minuten auf einem Laufband oder Heimfahrrad trainiert hatten, zeigten bessere Ergebnisse, während sich das Gedächtnis der Kontrollgruppe weiter verschlechtert hatte (Baker u. a., 2010).

§ 74: Finden Sie eine Ausdauersportart, die Ihnen Spaß macht

Jogging ist Hirn-Jogging. Sie sehen hier eine Liste unterschiedlicher Ausdauersportarten. Kreuzen Sie diejenigen an, bei denen Sie sich vorstellen können, sie regelmäßig auszuführen.

- *Spazieren*
- *Wandern*
- *Nordic Walking*
- *Joggen*
- *Radfahren*
- *Hometrainer: Heimfahrrad, Laufband etc.*
- *Schwimmen*
- *Skilanglauf*
- *…*

Spazieren: Wundermittel für unser Gehirn?!

Wir alle werden älter. Doch während manche bis ins hohe Alter geistig rege und körperlich agil bleiben, scheinen andere schneller zu altern. Eine der Schwestern, die an der „Nonnenstudie" (S. 126) beteiligt war, war ein Vorbild gesunden Alterns. Als der Versuchsleiter, David Snowdon, sie auf ihre bewundernswerte geistige und körperliche Gesundheit ansprach, erwiderte sie, sie hätte mit 70 Jahren mit ihrem Trainingsprogramm begonnen: „Ich gehe mehrere Meilen pro Tag." (Snowdon, 2002, S. 38).

> Nur 10 Minuten zügiges Gehen pro Tag kann helfen, das Alzheimer-Risiko zu senken. (Gary Small)

Der amerikanische Alzheimer-Experte Fred Gage ist davon überzeugt, dass Gehen die natürlichste Form des Gehirntrainings darstellt: „Sobald das Urvolk sich in die Savanne aufmachte, stimulierte das Gehen die Bildung von neuen Neuronen, die nötig waren um sich an ihre neue Umgebung anzupassen ... " (Gage in Strauch, 2010, S. 139).

Dass Spazieren die Neubildung von Nervenzellen fördert, scheint von neurowissenschaftlichen Studien bestätigt. Ein Forscherteam der Universität Pittsburgh konnte zeigen, dass Versuchspersonen, die mehr Kilometer zu Fuß zurücklegten, über mehr Nervenzellen in entscheidenden Gehirnarealen wie beispielweise dem Hippocampus (siehe S. 77) verfügten (Erickson u. a., 2010).

§ 75: Gehen Sie täglich spazieren

Machen Sie Ihren Spaziergang zu einem täglichen Ritual. Wenn Sie einmal einen Tag auslassen, machen Sie sich keine Gedanken. Es geht darum, dass Sie langfristig regelmäßig spazieren gehen.

Mit den folgenden Ideen bringen Sie Abwechslung in Ihren Spazier-alltag:

- *Spazieren mit Musik. Nehmen Sie Ihre Lieblingsmusik mit und gehen Sie zügig und im Rhythmus zur Musik.*

- *Bemühen Sie sich, ein wenig schneller zu gehen als gestern.*

- *Zählen Sie Ihre Schritte und nehmen Sie sich vor, täglich mehr Schritte zurück-zulegen.*

- *Bemühen Sie sich, eine längere Distanz zurückzulegen als normalerweise.*

- *Gehen Sie nicht alleine spazieren, sondern nehmen Sie eine Freundin oder einen Freund mit. Unterhalten Sie sich unterwegs, vielleicht über Fragen und Antworten aus diesem Buch.*

- *Achten Sie, während Sie spazieren, auf Ihre Sinne. Nehmen Sie zunächst alles wahr, was Sie sehen, richten Sie Ihre Aufmerksamkeit anschließend aufs Gehör und nehmen Sie soviele Geräusche wie möglich wahr. Widmen Sie so allen Ihren Sinnen einen kurzen Moment .*

Finden Sie Ihr Gleichgewicht

§ 76: Trainieren Sie Ihre Koordination

Schädel-Hirn-Traumen sind ein Risikofaktor für Demenz (siehe S. 183). Regelmäßige Bewegung steigert Ihr Körperbewusstsein und Ihr Gleichgewichtsgefühl und stärkt die Muskulatur. Dadurch sinkt Ihr Risiko für Stürze.

Sportarten, die unsere Koordination trainieren, helfen, Stürze zu vermeiden.

Im Kapitel „Koordination und Bewegung" im **Übungsbuch** sind Ideen gesammelt, die Sie körperlich und geistig herausfordern.

§ 77: Finden Sie Bewegungsarten, die Ihr Gehirn herausfordern

Bewegungsübungen können uns auch geistig herausfordern. Sportarten, die Ihre Koordination trainieren, eignen sich hierzu besonders. Neben Tanzen, Ballsport oder anspruchsvollen Turnübungen zählt hierzu auch das Jonglieren. Um Jonglieren zu lernen, können Sie am besten mit leichten Tüchern beginnen, da diese langsamer fliegen als Bälle. So können Sie Schritt für Schritt lernen, mehrere Tücher und später Bälle in der Luft zu halten.

Regelmäßigkeit statt Übermaß

§ 78: Trainieren Sie nachhaltig

Sie müssen kein Olympiapreisträger sein, um geistig und körperlich fit zu bleiben. Sie haben in diesem Kapitel von einigen Studien erfahren, in denen Versuchspersonen mehrmals pro Woche 45 bis 60 Minuten Ausdauertraining durchführten. Längere Trainingseinheiten erzielen keinen weiteren positiven Effekt. Anstatt einmal lang zu trainieren ist es wirkungsvoller, sich kurz und dafür regelmäßig anzustrengen: regelmäßige Spaziergänge sind effektiver als ein einmaliger Marathonlauf. Der amerikanische Psychiater und Alzheimer-Experte Gary Small betont: „Nur 10 Minuten zügiges Gehen pro Tag kann helfen, das Alzheimer-Risiko zu senken" (Small in Saslow, 2010).

Und die Resultate werden schnell sichtbar: Schon nach wenigen Trainingseinheiten werden Sie merken, dass Sie weniger schnell außer Atem kommen und größere Abstände in der gleichen Zeit zurücklegen können.

SCHLAFEN IST DIE BESTE MEDIZIN

Der Schlaf verändert sich

Wenn wir älter werden, wird unser Schlaf weniger tief. Kleine Geräusche, die uns früher nicht gestört hätten, wecken uns leichter auf. Dadurch wird der Schlaf unruhiger und Durchschlafschwierigkeiten sind häufig. Wir werden älter und schlafen kürzer, obwohl

> Vergessen Sie Berichte von Leuten, die behaupten, mit vier Stunden Schlaf pro Nacht auszukommen. Ein gesunder Erwachsener benötigt zwischen sieben und acht Stunden Schlaf pro Nacht und das gilt auch im höheren Alter.

wir eigentlich mehr oder zumindest gleich viel Schlaf benötigen wie in jungen Jahren. Ein Schläfchen untertags gleicht häufig aus, was in der Nacht zu kurz gekommen ist.

Warum wache ich nachts auf?

In der Nacht schüttet unser Gehirn Melatonin aus. Dieses Hormon wirkt wie der Sand des Sandmännchens: es sorgt dafür, dass wir tief und fest schlafen.

Sobald in der Früh die Sonne aufgeht, ist das Licht das Signal für unser Gehirn, die Melatonin-Produktion zu stoppen. Das Schlummer-Hormon fehlt und wir wachen auf.

Je älter wir werden, desto weniger Melatonin wird hergestellt. Dadurch wird unsere innere Uhr immer schneller, wir wachen früher auf und werden abends zeitig müde.

§ 79: Tanken Sie Sonnenlicht gegen Müdigkeit

Helles Licht hilft Ihnen dabei, Ihre innere Uhr wieder richtig einzustellen. Begrüßen Sie in der Früh den Tag mit hellem Licht und tanken Sie, wenn möglich, die ersten Sonnenstrahlen.

§ 80: Schlafen Sie im Dunkeln

Sorgen Sie für eine dunkle Schlafumgebung, um die Melatonin-Produktion anzuregen. Ein Fernseher strahlt grelles Licht aus und kann so die Nachtruhe stören.

Schlaf. Ruhepause für unser Gehirn

Wie fühlen Sie sich, wenn Sie zu wenig geschlafen haben? Gereizt, geschwächt, vergesslich, unkonzentriert, humorlos? Ihnen ist ständig kalt, Sie haben den ganzen Tag Hunger und Ihnen passieren unnötige Fehler?

Wie geht es Ihnen, wenn Sie ausgeschlafen sind? Sie haben neue Ideen, sind kraftvoll und voller Tatendrang?

Vergessen Sie Berichte von Leuten, die behaupten, mit vier Stunden Schlaf pro Nacht auszukommen. Ein gesunder Erwachsener benötigt zwischen sieben und acht Stunden Schlaf pro Nacht und das gilt auch im höheren Alter.

Manchmal leiden wir einfach deswegen an Schlafmangel, weil wir uns nicht erlauben genügend zu schlafen, weil wir meinen, keine Zeit zu haben und alles Mögliche erledigen zu müssen. Gönnen Sie sich Ihren Schlaf und Sie werden merken, dass Sie am nächsten Tag umso mehr bewerkstelligen können.

Während wir schlafen, löst unser Gehirn wichtige Aufgaben

- **neue Ideen kommen im Schlaf:** *Es wird erzählt, Albert Einstein habe zehn Stunden pro Nacht geschlafen. Außer, wenn er eine neue Idee ausarbeitete, dann waren es schon mal elf Stunden. Schlafforscher bestätigen, dass wir im Schlaf Probleme lösen und Ideen finden. In einer Studie der Universität Lübeck entdeckten mehr als doppelt so viele Versuchspersonen eine versteckte Regel, nachdem ihnen ermöglicht wurde „über das Problem zu schlafen" (Wagner, Gais, Haider, Verleger, & Born, 2004).*

- **Schlaf ist gut fürs Gedächtnis:** *Schlaf ist wichtig, um Gedächtnisinhalte dauerhaft abzuspeichern. Während Sie schlafen festigt Ihr Hippocampus (siehe S. 77) Erinnerungen und Lerninhalte.*

> Wir werden älter und schlafen kürzer, obwohl wir eigentlich mehr oder zumindest gleich viel Schlaf benötigen wie in jungen Jahren.

  Schlafstörungen sind darum eine häufige Ursache für Vergesslichkeit (Budson & Solomon, 2011).

- **Wir wachsen im Schlaf:** *Während Sie schlafen, werden Wachstumshormone ausgeschüttet. Das ist nicht nur für heranwachsende Kinder wichtig, sondern auch für Erwachsene: Fett-Abbau und Muskelaufbau werden durch die Wachstumshormone gesteuert und das Gewebe gefestigt. Ihr Schönheits-Schlaf bringt Ihnen ausgeprägtere Muskeln, verringerte Fettreserven und eine straffe Haut.*

- **Schlafen gegen Stress:** *Die Spiegel des Stresshormons Cortisol (siehe Seite 220) nehmen während des Schlafes ab. Wenn Sie zu wenig schlafen, bleibt der Cortisolspiegel auf einem hohen Niveau und das ist schlecht für Ihr Immunsystem. Cortisol hemmt die natürliche Abwehr Ihres Körpers, deswegen macht zu wenig Schlaf krank.*

Schlafhygiene: natürliche Strategien für einen gesunden Schlaf

Auf Seite 68 haben Sie bereits erfahren, dass sich alle Schlafmittel negativ auf unser Gedächtnis auswirken. Auch darum ist es empfehlenswert herauszufinden, wie man seinen gesunden Schlaf fördern kann.

Unser Lebensstil und unsere Gewohnheiten beeinflussen unsere Schlafqualität. Wer abends vor dem Fernseher auf der Couch eindöst und sich mitten in der Nacht in der Jean ins Bett schleppt, trägt selbst dazu bei, dass seine Nachtruhe weniger erholsam ist.

Verhaltensweisen, die Schlafstörungen verhindern und einen guten Schlaf bewirken können, werden als schlafhygienische Maßnahmen bezeichnet.

§ 81: Schlafen Sie gut

Junge Eltern sammeln zahlreiche Tricks, wie sie kleine Kinder beim Einschlafen unterstützen können. Umsorgen Sie sich, genauso wie Sie ein zweijähriges Kind versorgen würden, damit Sie genauso ruhig und friedlich einschlafen. Ideen für einen gesunden Schlaf zeigt Abbildung 14.

 Finden Sie heraus, wie viel Schlaf Sie pro Nacht benötigen und gewöhnen Sie sich an, zu festen Zeiten schlafen zu gehen. Wenn Sie abends wiederholt nicht einschlafen können, probieren Sie, untertags weniger oder gar nicht zu schlafen.

 Sorgen Sie dafür, dass in Ihrem Schlafzimmer eine angenehme und ruhige Atmosphäre herrscht. Wenn Sie abends schlafen möchten, sollten Sie den Raum vollständig abdunkeln können. Wir schlafen ein, sobald wir abkühlen, darum ist es günstig, wenn es im Schlafzimmer kühl ist.

 Bewegung ist wichtig, auch für Ihren Schlaf. Achten Sie aber darauf, dass Sie sich nicht zu kurz vor dem Einschlafen aktivieren. Planen Sie darum sportliche Aktivitäten für den Nachmittag statt für den Abend.

 Ein großes Festmahl kann uns schwer im Magen liegen. Nach einer leichten Abendmahlzeit werden Sie besser schlafen.

 Koffein ist ein Aufputschmittel. Der Kaffee nach dem Abendessen kann darum Einschlafschwierigkeiten bereiten. Auch andere Genussmittel wie Nikotin und Alkohol beinflussen unseren Schlaf. Alkohol ist als „Schlaftrunk" nicht geeignet, da er die Schlafqualität beeinflusst. Sie schlafen weniger tief und dadurch ist der Schlaf weniger erholsam.

 Gewöhnen Sie sich an, sich kurz vor dem Einschlafen zu ent-spannen. Suchen Sie sich Ihr persönliches Einschlaf-Ritual und schalten Sie abends bewusst ab.

Abbildung 14: Schlafhygiene: Schlafen Sie gut?!

§ 82: Schäfchen zählen? So finden Sie in den Schlaf

Wenn es Ihnen beim Einschlafen hilft, können Sie Schafe zählen. Andere entspannende Übungen, die Ihnen beim Einschlafen helfen können:

- **Berührungspunkte zählen:** *Zählen Sie, an wie vielen Punkten Ihr Körper die Bettdecke berührt. Beginnen Sie beispielsweise bei Ihrer Hand. Jeder Berührungspunkt zählt.*

- **Schwere:** *Stellen Sie sich vor, wie Ihr Körper immer schwerer wird. Ihre Beine liegen schwer auf der Matratze, Ihre Arme versinken förmlich in die weiche Unterlage. Lassen Sie sich in den Schlaf fallen.*

- **Atmung beobachten:** *Legen Sie sich entspannt auf den Rücken und platzieren Sie Ihre Hände auf Ihren Bauch. Spüren Sie, wie sich Ihr Bauch bei jedem Atemzug hebt und senkt. Konzentrieren Sie sich ganz auf Ihre Atmung.*

- **positive Erinnerungen sammeln:** *Überlegen Sie sich drei Dinge, die an diesem Tag vorgefallen sind, über die Sie sich gefreut haben. Was ist heute Positives passiert? Rufen Sie sich jede einzelne Situation so genau wie möglich in Erinnerung (siehe auch S. 230).*

- **in Gedanken spazieren gehen:** *Wiederholen Sie in Gedanken den Spaziergang, den Sie heute gemacht haben. Wo hat Ihr Weg begonnen, woran hat er vorbeigeführt und wo sind Sie angekommen?*

ZUSAMMENFASSUNG: WAS NEHMEN SIE SICH AUS DIESEM KAPITEL MIT?

- *Was für unser Herz gut ist, ist auch für unser Gehirn gut. Herz-Kreislauf Erkrankungen, Bluthochdruck und Zuckerkrankheit sind Risikofaktoren für Demenz.*

- *Eine Gehirnerschütterung wird häufig unterschätzt.*

- *Nahrungsergänzungsmittel können eine ausgeglichene vitaminreiche Ernährung mit frischem Obst und Gemüse nicht ersetzen.*

- *Austrocknung ist eine große Belastung für unser Gehirn. Eine ausreichende Flüssigkeitszufuhr ist darum wichtig.*

- *Unser Gehirn braucht fünf bis fünfzehn Jahre um sich von regelmäßigem Tabakkonsum zu erholen.*

- *Der AUDIT-Selbsttest hilft dabei, den eigenen Alkoholkonsum kritisch einzuschätzen.*

- *Spazieren hält unser Gehirn jung.*

- *Unser Gehirn profitiert von regelmäßiger Bewegung. Ausdauertraining und Koordinationsübungen erweisen sich als besonders günstig.*

- *Zuwenig Schlaf kann Vergesslichkeit verursachen.*

3 SEELISCHES WOHLBEFINDEN

Hier ist Platz für Ihre persönlichen Fragen und Anmerkungen:

DIE KUNST GEISTIGER FITNESS

Warum ist Kreativität gut für das Gehirn?

Kreativität als Konzentrationstraining:

Kreativität aktiviert und hilft Ihnen dabei, Ihre Aufmerksamkeit zu steuern. Musizieren, Malen, Bildhauern … all das ist auch Konzentrationstraining.

Kreativität als Gedächtnistraining:

> „Musik ist imstande, das gesamte Gehirn zu aktivieren."
> (Vera Brandes)

Musikstücke und Gemälde können zahlreiche Erinnerungen wecken. Sicherlich ist es Ihnen auch schon passiert, dass Sie eine Melodie hören und an Momente erinnert werden, die Sie vergessen geglaubt haben.

In der Therapie von fortgeschrittenen Demenzstadien wird Musik häufig eingesetzt um das Gedächtnis zu stimulieren (Irish u. a., 2006). Musik, Gemälde und Fotos aktivieren unser Langzeitgedächtnis und fördern autobiographische Erinnerungen zutage.

Kreativität aktiviert unser Gehirn:

„Use it or lose it" (siehe S. 27): Das Nervennetz in unserem Gehirn bleibt nur erhalten, wenn wir es nützen. Kreativität aktiviert unsere Nervenzellen und hilft so dabei, geistig fit zu bleiben.

„Musik ist imstande, das gesamte Gehirn zu aktivieren", erklärt Vera Brandes, Leiterin des Forschungsprogramms für Musikmedizin an der Medizinischen Privatuniversität *Paracelsus* in Salzburg (Brandes, 2012).

Wenn Sie Musik hören, verfolgt Ihr Gehirn die Melodie aktiv mit und berechnet, welche Töne es als nächstes erwartet. Das erklärt, warum Sie einen Ohrwurm bekommen, wenn ein Lied an einer unerwarteten Stelle unterbrochen wird.

Wenn Sie ein Bild malen, aktivieren Sie zahlreiche Assoziationen in Ihrem Gehirn, planen voraus, wie das Gemälde aussehen soll und erinnern sich an gesehene Szenen. Jede Art der kreativen Tätigkeit fordert unsere Nervenzellen heraus und optimiert so die Struktur unseres Gehirns.

Musik ist gut für Ihr Gehirn

Ein Forscherteam der *University of Kansas* in den U.S.A. ließ siebzig Versuchspersonen zwischen 60 und 83 Jahren unterschiedliche Aufgaben lösen. Diejenigen Versuchspersonen, die selber regelmäßig musizierten, schnitten dabei eindeutig besser ab als diejenigen, die keine Musik machten. So hatten die Musiker ein besseres Gedächtnis, konnten Gegenstände besser benennen, waren konzentrierter und konnten besser planen und zielgerichtet handeln. Die Forscher schließen daraus, dass sich eine rege musikalische Tätigkeit positiv auf die geistige Leistungsfähigkeit im fortgeschrittenen Alter auswirkt (Hanna-Pladdy & MacKay, 2011).

- *Musik für die Sprachfähigkeit: Es gibt einige Lieder, deren Liedtexte Sie mir wahrscheinlich nicht aufsagen können, wenn ich Sie danach frage. Sobald ich jedoch die Melodie einschalte und Sie die ersten Worte hören, können Sie problemlos mitsingen. In der Behandlung von Demenzpatienten wird Musik erfolgreich eingesetzt, um Sprachflüssigkeit und spontane Sprache zu erhöhen (Brotons & Koger, 2000).*

- *Musik für die Stimmung: „Ich glaube daran, dass Musik eine Menge zur Lebensqualität und Prävention beitragen kann", sagt Thomas Stegemann,*

Professor für Musiktherapie über Musik und Demenz (Stegemann, 2012). Musik reduziert Angst und Spannungen, sorgt für eine bessere Stimmung und kann uns in Schwung bringen, selbst wenn wir uns träge oder lustlos fühlen.

- **Musik bringt uns in Bewegung:** *Körperliche Fitness ist wichtig für unser Gehirn. Musik kann dabei helfen, körperlich in Schwung zu kommen. Genauso wie eine Melodie Ihnen dabei helfen kann, einen Liedtext zu erinnern, kann Musik auch das Erlernen eines Bewegungsablaufs erleichtern.*

§ 83: Werden Sie kreativ

Kreativ sein macht selbstbewusst, meint Vera Brandes, Forscherin für Musikmedizin (Brandes, 2012). Aquarell malen, Töpfern mit Ton oder Fotografieren? Welche Kunstform wollten Sie immer schon beherrschen? Besuchen Sie einen regelmäßigen Kurs oder melden Sie sich für eine Sommerakademie an.

Das Kapitel „Kreativität" im **Übungsbuch** soll Ihnen dabei helfen, Phantasie und Einfallsreichtum zu aktivieren.

§ 84: Machen Sie Musik

- *Das Instrument, das Sie einmal spielen konnten, verstaubt in irgendeiner Ecke? Holen Sie es hervor. Können Sie noch Stücke von früher spielen?*

- *Sie spielen kein Instrument, aber singen gerne? Nehmen Sie sich vor, täglich zu singen.*

- *Gemeinsames Musizieren regt unser Gehirn besonders an. Gibt es ein Orchester oder einen Chor, an dem Sie sich beteiligen können?*

§ 85: Beginnen Sie Gehirnjogging mit Musik

Im **Übungsbuch** finden Sie zahlreiche Gehirntrainings-Übungen. Entwickeln Sie Ihr regelmäßiges Gehirntrainingsritual: Beginnen Sie eine Trainings-Session mit einer aktivierenden Musik, um sich in Gang zu bringen. Sie können auch für den Ausklang nach Ihrem Gehirntraining Musik einsetzen. Wählen Sie dann beruhigende Melodien.

§ 86: Nehmen Sie Kunst bewusst wahr

- *Hören Sie Musik nicht nur nebenbei, sondern nehmen Sie sich die Zeit, bewusst zuzuhören und die Musik mit allen Sinnen zu genießen.*

- *Nehmen Sie sich Zeit für einen ausführlichen Museumsbesuch.*

- *Achten Sie auf Gemälde in Ihrer Umgebung.*

§ 87: Lassen Sie sich inspirieren

- *Schalten Sie ein Musikstück ein und malen oder zeichnen Sie zur Musik. Versuchen Sie Ihr Hörerlebnis auf Papier festzuhalten.*

- *Zeichnen Sie ein Foto nach oder malen Sie ein Gemälde ab.*

- *Kleben Sie Zeitungsausschnitte zu einer Collage.*

- *Dichten Sie dem Anfang eines bekannten Gedichtes einen neuen Schluss.*

GEMEINSAM IST BESSER ALS ALLEIN

> **Wer seinen Alltag unter Menschen verbringt, bewahrt ein besseres Gedächtnis.**

Einsamkeit erhöht die Anfälligkeit für Stress und Krankheiten. Wer ein größeres soziales Netz hat, lebt länger. Das ist das Ergebnis eines Vergleichs von 148 Studien mit insgesamt 308.849 TeilnehmerInnen. Die Überlebensraten stiegen um 50% für diejenigen Personen mit starken sozialen Kontakten (Holt-Lunstad, Smith, & Layton, 2010).

Freundschaften scheinen aber nicht nur ein langes Leben zu sichern, sie wirken sich auch positiv auf unser Gedächtnis aus. Studien zeigen, dass das Demenzrisiko steigt, wenn Versuchspersonen wenig Kontakte pflegen, während sozial aktive Personen länger über ein gutes Gedächtnis verfügen (Crooks, Lubben, Petitti, Little & Chiu, 2008).

„Der beste Weg Alzheimer zu bekommen ist, zu Hause zu sein, isoliert", sagt Nancy Squillacioti, Direktorin des *Alzheimer Resource Centers* in Orlando, U.S.A. (Cevallos, 2010) und wissenschaftliche Studien geben ihr Recht. Sechs Jahre lang beobachteten Forscher der *Harvard University* in Boston, U.S.A. das Sozialleben von PensionistInnen und maßen das Gedächtnis der Versuchspersonen. Das Ergebnis: Die Personen, die sozial aktiver waren, konnten sich Wortlisten besser merken. Die Forscher schließen daraus, dass die soziale Integration Gedächtnisverlust im Alter verzögert: wer seinen Alltag unter Menschen verbringt, bewahrt ein besseres Gedächtnis (Ertel, Glymour, & Berkman, 2008).

§ 88: Pflegen Sie Freundschaften

Beziehungen wirken sich positiv auf unsere körperliche und geistige Gesundheit aus.

Genießen Sie gemeinsame Erinnerungen mit alten Freundschaften und freuen Sie sich über die neuen Impulse aus neuen Bekanntschaften.

§ 89: Begeben Sie sich unter Menschen

Wenn Sie immer in Ihren vier Wänden bleiben, werden Sie keine neuen Leute kennenlernen.

- *Nehmen Sie Einladungen an.*
- *Finden Sie interessante Veranstaltungen in Ihrer Umgebung, besuchen Sie Ausstellungen oder Flohmärkte.*
- *Finden Sie eine Gruppe, die Sie regelmäßig treffen können: zum Kartenspielen, Musizieren, Reisen ...*

§ 90: Suchen Sie sich Hobbys, die Sie sozial einbinden

Sie gehen gerne spazieren? Suchen Sie sich eine Begleitung!

> „Der beste Weg Alzheimer zu bekommen ist, zu Hause zu sein, isoliert." (Nancy Squillacioti)

Ihr Garten ist Ihr Hobby? Mit wem können Sie sich über Ihren Garten unterhalten? Von wem könnten Sie brauchbare Ratschläge bekommen?

Suchen Sie sich ein Umfeld, mit dem Sie sich austauschen können.

§ 91: Kümmern Sie sich um jemanden

Andere brauchen Sie. Wer kann von Ihren Erfahrungen, Ihren Fähigkeiten oder einfach nur Ihrer Zeit profitieren? Vielleicht gibt es eine Non-Profit-Organisation in der Sie sich einbringen können?

RISIKOFAKTOR STRESS

Wie wirken Stresshormone?

Stehen wir unter Stress, sendet unser Gehirn *Stress macht krank!* ein Signal an die Nebennierenrinde. Dort wird das Hormon Cortisol ausgeschüttet, eines der wichtigsten Stresshormone.

So wirkt Cortisol auf unseren Körper:

Cortisol schwächt Ihr Immunsystem. Wegen dieser Wirkung wird Cortisol als Medikament eingesetzt (etwa zur Behandlung von Autoimmunerkrankungen oder entzündlichen Ausschlägen). In hohen Dosen ist die dämpfende Wirkung auf unser Immunsystem gefährlich: unsere körpereigene Abwehr wird geschwächt, wir werden anfällig für Krankheiten. Stress macht krank!

So wirkt Cortisol in unserem Gehirn:

Im Gehirn hat Cortisol widersprechende Effekte:

* *Niedrige Cortisol-Dosen wirken sich gut auf Ihre geistige Leistungsfähigkeit aus. Sicherlich kennen Sie den Energieschub, den Aufregung oder eine spannende Herausforderung liefern kann.*

• *Hohe Cortisol-Dosen hingegen schädigen Nervenzellen und stören das Nervenzellwachstum.*

Diese paradoxe Wirkung von Cortisol macht durchaus Sinn, erklärt der deut-

Stress macht vergesslich!

sche Gehirnforscher Gerald Hüther. Sie macht uns Menschen flexibel. Wer vor einem Problem oder einer Herausforderung steht, aktiviert zunächst sein gesamtes geistiges Potential. Können wir das Problem trotzdem nicht lösen, sind wir offensichtlich mit unseren vorhandenen Denkstrategien nicht in der Lage, mit der Herausforderung umzugehen. Der Stress hält an und die Belastung durch Stresshormone wird größer. Die Stresshormone entfalten ihre schädliche Wirkung im Gehirn und sorgen dafür, dass bestehende Denkmuster abgebaut werden. Nur so ist ein Umdenken möglich (Hüther, 2012).

Dieses Prinzip kann in manchen Situationen ermöglichen, nach einer Krise wieder neue Wege einzuschlagen.

In anderen Situationen, wenn die Stressbelastung anhält, wird die schädliche Wirkung des Stresses auf unsere geistige Leistungsfähigkeit fühlbar: Wir werden vergesslich, gereizt und können uns nicht mehr konzentrieren.

Diese schädlichen Auswirkungen von Cortisol auf unser Gehirn untersuchte die kanadische Stressforscherin und Hormonexpertin Sonia Lupien. Waren Versuchspersonen lange Zeit körpereigenen Stresshormonen ausgesetzt, zeigten sie Anzeichen von Vergesslichkeit und schnitten bei Gedächtnistest schlechter ab als diejenigen Versuchspersonen, die weniger Stresshormonen ausgesetzt waren. Im Gehirn konnte Sonia Lupien die schädliche Wirkung von Stresshormonen nachweisen: Der Hippocampus, die Gedächtniszentrale (siehe S. 77) war um durchschnittlich 14% geschrumpft (Lupien u. a., 2005). Stress macht vergesslich.

Stress als Risikofaktor für Alzheimer

Anhaltender Stress ist als Risikofaktor für die Alzheimer-Demenz bekannt: Wer zu Stress neigt, hat ein doppelt so großes Risiko an Alzheimer zu erkranken (Wilson u. a., 2007). Ein guter Grund, sich zu entspannen.

Stress beeinflusst unser Gedächtnis, aber fördern Stresshormone auch den Krankheitsprozess der Alzheimer-Krankheit? In Ihrer Studie untersuchte ein amerikanisches Forschungsteam den Einfluss von Stress auf Mäusegehirne. Sieben Tage hintereinander wurden die Mäuse mit Stresshormonen injiziert. Diese Stressbelastung führte zu vermehrten Alzheimer-Zeichen im Gehirn: in den Mäusegehirnen wurden um 60% mehr senile Plaques gefunden als in Mäusen, die keine Stressbelastung erdulden mussten. Die Forscher schließen aus Ihren Ergebnissen, dass Stress an der Entstehung der Alzheimer Demenz beteiligt ist (Green, Billings, Roozendaal, McGaugh, & LaFerla, 2006).

> Wer zu Stress neigt, hat ein doppelt so großes Risiko an Alzheimer zu erkranken.

Nicht alle Personen, die senile Plaques in ihrem Gehirn haben, leiden tatsächlich unter Alzheimer-Symptomen. Dieses erstaunliche Phänomen haben Sie im Kapitel über die „Nonnenstudie" (Seite 126) kennengelernt.

Stress scheint ein Faktor zu sein, der die schädliche Wirkung der senilen Plaques verstärkt. Zu dieser Vermutung kommt die Studie eines Forscherteams der *University of Houston* in Texas, U.S.A. Die

WissenschaftlerInnen injizierten Ratten Eiweiße, aus denen senilen Plaques bestehen. Interessanterweise schnitten nicht alle so behandelten Ratten bei Lern- und Gedächtnisaufgaben schlechter ab. Nur diejenigen Ratten, die zusätzlich langfristigem Stress ausgesetzt waren, waren schlechter darin, zu lernen und Neues zu behalten (Alkadhi, Srivareerat, & Tran, 2010).

Was Tierversuche erklären, ist bei Menschen schon lange bekannt: Personen, die unter Stress leiden, erkranken eher an Alzheimer Demenz oder einer Leichten Kognitiven Beeinträchtigung (Wilson u. a., 2003).

Wer es schafft, chronischen Stress zu vermeiden, hat bessere Karten gegen die schädlichen Effekte der Alzheimer-Krankheit.

§ 92: Finden Sie Wege aus der Stressfalle

Es ist nicht möglich, jede Stressreaktion in unserem Körper und im Gehirn zu verhindern. Die Stressantwort läuft autonom ab und kann durchaus auch positiv und lebensnotwendig sein. Negativer Stress ist ungesund. Sie können jedoch lernen, solch negativen Stressreaktionen vorzubeugen und so deren ungesunde Wirkung auf Ihren Körper und Ihr Gehirn vermeiden.

- *Innehalten: Gewöhnen Sie sich an, immer wieder zwei bis fünf Minuten innezuhalten. Schließen Sie die Augen, konzentrieren Sie sich auf Ihre Atmung und spüren Sie Ihren eigenen Körper. Lassen Sie Gedanken kommen und vor allem wieder gehen. Entwickeln Sie so ein Innehalt-Ritual, das Sie am besten zu bestimmten Zeitpunkten, beispielsweise immer wenn Sie sich an den Schreibtisch setzen, durchführen.*

- **Nein sagen:** *Entscheiden Sie bei Bitten oder Anfragen nicht sofort, sondern zeigen Sie Interesse, aber nehmen Sie sich in Ruhe Bedenkzeit. Wenn Sie das Gefühl haben, überrumpelt worden zu sein, sagen Sie noch im Nachhinein ab.*

- **Nicht immer erreichbar sein:** *Schalten Sie Handy und Internet auch einmal aus oder zumindest auf lautlos! Planen Sie so Zeiten, in denen Sie in Ruhe arbeiten oder Ihre Freizeit genießen können. Verzichten Sie zusätzlich zeitweise auf Fernsehen und Radio, um Ihrem Gehirn Phasen der Stille zu gönnen.*

- **Perfektionismus bändigen:** *Vilfredo Pareto hat Anfang des letzten Jahrhunderts das Konzept des sogenannten Pareto-Effekts formuliert. Der Effekt beruht auf der 80/20 Regel, die eine Ungleichverteilung zwischen Aufwand und Erfolg beschreibt und besagt, dass 80 Prozent der Ergebnisse durch 20 Prozent Arbeitsaufwand erreicht werden. Um ein Projekt zu perfektionieren wird ungleich viel mehr Energie benötigt (Koch, 2008). Wägen Sie ab, wie viel Energie Sie noch in unabgeschlossene Projekte stecken möchten und schließen Sie zeitraubende Aufgaben ab!*

- **Nicht alles persönlich nehmen**

- **Positiv denken** *Lernen Sie, mit schwierigen Situationen gelassen umzugehen und das Gute in Ihrem Leben wahrzunehmen und zu schätzen! Entscheiden Sie für sich selbst, was wirklich wichtig ist in Ihrem Leben.*

- **Und zu guter Letzt: Lachen Sie!** *Während Erwachsene durchschnittlich 15 Mal pro Tag lachen, zeigen Beobachtungen, dass Kinder bis zu 400mal pro Tag lachen. Lachen tut Körper und Seele gut!*

§ 93: Entdecken Sie Ihren Ruhebrunnen

Was machen Sie, um sich zu entspannen? Entdecken Sie Ihre Energiequellen.

- **soziale Kontakte und Freundschaften** Zahlreiche Forschungsergebnisse belegen, dass sich ein gutes soziales Netzwerk positiv auf unsere Gesundheit auswirkt.

- **Freizeit gönnen:** Schaffen Sie es, sich regelmäßig Auszeiten zu gönnen oder quillt ihr Terminkalender über vor scheinbar wichtigen Terminen? Wenn Sie wiederholt am Ende der Woche merken, dass wieder keine Zeit für Sie selbst über geblieben ist, planen Sie in Ihrem Kalender Freizeiten wie wichtige Termine ein. Ihr Entspannungsabend ist genauso wichtig wie das berufliche Meeting.

- **Bringen Sie Bewegung in Ihr Leben:** Sportliche Aktivitäten (und sei es nur ein einfacher Spaziergang) helfen dem Körper zu entspannen und Stresshormone abzubauen (siehe S. 198). Verbrauchen Sie die Energie, die sich durch Ärger aufstaut.

- **Schlafen Sie genug:** im Schlaf werden Stresshormone reduziert (siehe S. 205).

- **Singen oder musizieren Sie:** Musik hilft, Stress abzubauen (siehe S. 215).

- **Vermeiden Sie TV und Computerspiele:** Außer Naturfilme steigern fast alle Programme den Stresshormonspiegel und Computerspiele können uns ganz schön aufregen. Suchen Sie sich zur Entspannung andere Freizeitbeschäftigungen.

- **Entspannungsurlaub:** Längere Urlaube sind erholsamer als ein Wochenendausflug. Nur wenn Sie sich längere Zeit eine Auszeit gönnen, kann Ihr Körper wirklich alle Stresshormone abbauen. Geben Sie Ihrem Körper im Urlaub auch die Chance, Stresshormone abzubauen. Rundreisen und Besichtigungsmarathons, lange Anreisewege und anstrengende Zeitzonenwechsel sorgen dafür, dass oft selbst im Urlaub keine Erholung möglich ist. Wenn Sie, zumindest einen Teil Ihres Urlaubs, an einem bekannten Ort verbringen, fällt Ihnen die Anpassung leichter und der Erholungseffekt steigt.

- **Natürliche Entspannung:** *Der Aufenthalt in der Natur wirkt auf uns besonders entspannend. Die Farbe Grün strahlt Beruhigung aus. Nehmen Sie sich bewusst Zeit mit Tieren oder Kindern zu spielen, um natürliche Entspannungsmechanismen in Gang zu setzen.*

§ 94: Nehmen Sie Hilfe in Anspruch

Wenn nötig, suchen Sie professionelle Hilfe! Befinden Sie sich bereits in einer für Sie unlösbaren Stresssituation, probieren Sie eine Entspannungstechnik (z.B. Meditation, Autogenes Training, Tai Chi, …) und/oder suchen Sie professionelle Hilfe (z.B. Psychotherapie, Coaching …).

WERDEN SIE IHRES GLÜCKES SCHMIED

Fühlen Sie sich wohl?

Nehmen Sie sich einen Moment Zeit, den Fragebogen auf der nächsten Seite auszufüllen. Kopieren Sie eventuell die Seite, damit Sie den Test wiederholen können, wenn Sie das möchten.

WHO-5 Fragebogen zum Wohlbefinden

Die folgenden Aussagen betreffen Ihr Wohlbefinden in den letzten zwei Wochen. Bitte markieren Sie bei jeder Aussage die Rubrik, die Ihrer Meinung nach am besten beschreibt, wie Sie sich in den letzten zwei Wochen gefühlt haben.

Datum: _____

In den letzten zwei Wochen…	Die ganze Zeit	Meistens	Etwas mehr als die Hälfte der Zeit	Etwas weniger als die Hälfte der Zeit	Ab und zu	Zu keinem Zeit-punkt
… war ich froh und guter Laune	5	4	3	2	1	0
… habe ich mich ruhig und entspannt gefühlt	5	4	3	2	1	0
… habe ich mich energisch und aktiv gefühlt	5	4	3	2	1	0
… habe ich mich beim Aufwachen frisch und ausgeruht gefühlt	5	4	3	2	1	0
… war mein Alltag voller Dinge, die mich interessieren	5	4	3	2	1	0

Wiedergabe mit freundlicher Genehmigung der Psychiatric Research Unit, WHO Collaborating Center for Mental Health, Frederiksborg General Hospital, DK-3400 Hillerød, www.who-5.org

Copyright 1998

So berechnen Sie Ihr Ergebnis:

Zählen Sie die Zahlenwerte Ihrer Antworten zusammen, um Ihr Ergebnis zu erhalten.

So beurteilen Sie Ihr Ergebnis:

- *13 – 25 Punkte:* Schön, dass es Ihnen gut geht. Betrachten Sie Ihr Ergebnis trotzdem genauer: Wenn Sie auf eine der fünf Fragen 0 oder 1 Punkt erzielt haben, empfiehlt die WHO ein ärztliches Gespräch.

- *0 – 12 Punkte:* Ein Wert unter 13 Punkten zeigt, dass Sie sich zurzeit nicht so wohl fühlen. Das muss nicht so sein! Besprechen Sie Ihr Ergebnis mit Ihrer Ärztin / Ihrem Arzt.

So beurteilen Sie Veränderungen:

Multiplizieren Sie Ihr Ergebnis mit 4. Sie erhalten eine Zahl zwischen 0 und 100. Tragen Sie Ihr Ergebnis in diese Skala ein und notieren Sie das heutige Datum. Wiederholen Sie den WHO-5 Test nach einigen Monaten und vergleichen Sie Ihr Ergebnis. Eine Steigerung um 10% gibt bereits eine bedeutsame Verbesserung an.

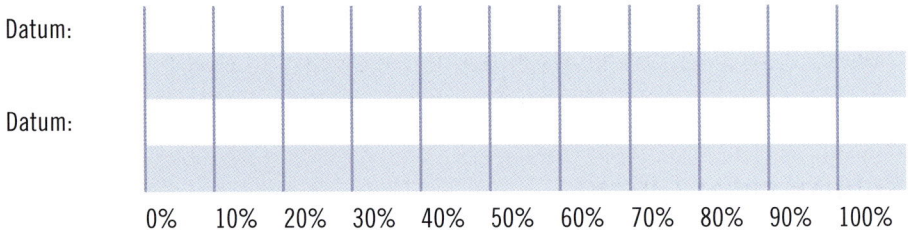

Risikofaktor Depression

Leider denken viele Menschen, dass Depressionen im Alter normal wären und suchen darum keine Unterstützung.

Nach dem Verlust einer geliebten Person folgt eine Phase des Trauerns. Normalerweise ist es Angehörigen möglich, sich nach einiger

Zeit an die neue Situation anzupassen und ein emotionales Gleichgewicht zu finden.

Die Erfahrung, älter zu werden, kann Verlustgefühle und Ängste wecken, sollte aber keine Zeichen einer Depression verursachen.

Wer unter langanhaltender Trauer leidet, sollte Unterstützung in Anspruch nehmen.

Der WHO-5 Fragebogen kann Ihnen dabei helfen, Ihre emotionale Lage einzuschätzen.

„Depressive Symptome in der Lebensmitte oder im späten Leben sind mit einem erhöhten Risiko an Demenz zu erkranken verbunden", sagt Deborah E. Barnes von der *University of California* in San Francisco (D. E. Barnes u. a., 2012). In ihrer Studie konnte vor allem ein Zusammenhang zwischen Depression im Laufe des Lebens und vaskulärer Demenz aufgezeigt werden. Aber auch die Alzheimer-Demenz ist eng mit Depression verbunden, zahlreiche Alzheimer-PatientInnen leiden daran. Den ExpertInnen stellt sich hier die Frage nach der Henne und dem Ei: Es ist nicht geklärt, inwieweit eine Depression Alzheimer auslösen und verstärken kann oder ob es die Alzheimer-Krankheit ist, die depressiv macht.

Schutzfaktor Glück

Eine niederländische Studie verglich Gesundheit und Lebensdauer ihrer Versuchspersonen, nachdem sie einen Fragebogen über ihr Wohlbefinden ausgefüllt hatten. Das Ergebnis: Besonders optimistische Personen sind langfristig gesünder und leben länger.

> Besonders optimistische Personen sind langfristig gesünder und leben länger.

Glück, das kann man trainieren:

In ihrem Glücks-Trainings-Buch präsentiert Heide-Marie Smolka zahlreiche Mitmach-Übungen für einen glücklicheren Alltag (Smolka, 2011). Die österreichische Psychologin gibt die folgenden einfachen Ratschläge:

§ 95: Seien Sie dankbar

Überlegen Sie sich jeden Abend vor dem Einschlafen drei Dinge, für die Sie dankbar sind. Auch ausgesprochene Dankbarkeit gegenüber anderen Menschen wirkt sich positiv auf Ihr Glückslevel aus. Gleichzeitig kann Dankbarkeit Angst und Depression mildern.

§ 96: Seien Sie sich Ihrer Einstellung bewusst

Ist das Glas halbvoll oder halbleer? Die Einstellung hat massiven Einfluss auf das subjektive Wohlbefinden. Die gute Nachricht: Einstellungen sind veränderbar. Das ist reine Trainingssache. Übrigens: Eine Bewertung muss nicht immer positiv oder negativ sein, sie kann auch neutral und sachlich sein. Das kann entlastend wirken und Stress mindern. Hier ein Beispiel: Sie stehen im Stau.

- *Negative Bewertung: Es ist schrecklich, ich komme zu spät, das macht mich wahnsinnig.*

- *Neutrale Bewertung: Es ist so, ich kann es nicht ändern. Das ist eine gute Voraussetzung für Gelassenheit.*

- *Positive Bewertung: O.k., ändern kann ich das soundso nicht, ich mach das Beste draus: gute Musik hören, singen, an etwas Schönes denken, mit dem/ der FahrerIn des Nachbarautos flirten, Seifenblasen machen (Probieren Sie das mal aus, das ist sehr lustig ...).*

§ 97: Führen Sie ein Glückstagebuch

Schreiben Sie jeden Tag auf, worüber Sie sich gefreut haben, was Ihnen gut gelungen ist, was Ihr Herz erhellt hat. Durch die Fokussierung auf das Positive wird es automatisch mehr.

§ 98: Erstellen Sie Ihre Gute-Laune-Liste

Machen Sie sich eine Liste mit Tätigkeiten, die Sie in gute Stimmung bringen. Diese Liste können Sie immer weiter wachsen lassen. Und Sie ist dann sehr hilfreich, wenn man in schlechter Stimmung ist. Weil genau dann hat man keine Gute-Laune-Ideen, aber eben nun eine hilfreiche Liste! Diese Liste könnte ungefähr so aussehen:

- *eine/n FreundIn anrufen*

- *ein bisschen spazieren gehen*

- *gute Musik hören*

- *ins Kino gehen*

- *schöne Gedichte lesen*

- *ein Lied singen*

- *ein Bad nehmen*

- *…*

§ 99: Richten Sie Ihre Aufmerksamkeit auf das Hier und Jetzt

Kommen Sie mit Ihrer Aufmerksamkeit immer wieder ganz in die Gegenwart. Hören, sehen, riechen, fühlen und schmecken Sie Ihre Umgebung, das ist die Voraussetzung für Genuss. Ein Kaffee kann Ihnen nur dann schmecken, wenn Sie ihm die Aufmerksamkeit geben. Wenn Sie jedoch während des Kaffeetrinkens über ein Problem nachdenken, so wird das Kaffeetrinken kein Genuss sein. Im Alltag sind wir gedanklich sehr oft in der Vergangenheit oder Gegenwart und verpassen dadurch die Glücksmomente der Gegenwart. Noch ein Beispiel: Beim Spazierengehen können sich viel Gelegenheiten für Glücksempfinden ergeben: das Hören des Vogelgezwitschers, das Fühlen des Windes, das Lächeln eines Kindes, der Anblick der Natur oder der Stadt. Wenn Sie jedoch beim Spazierengehen nur über ein Problem grübeln, so hat es der Spaziergang schwer, ein Genuss zu werden. Das liegt ganz bei Ihnen: Schalten Sie doch immer wieder ganz bewusst auf JETZT!

ZUSAMMENFASSUNG:
WAS NEHMEN SIE SICH AUS
DIESEM KAPITEL MIT?

- *Kreative Tätigkeiten können Konzentrationsfähigkeit und Gedächtnis verbessern.*

- *Ein soziales Netz ist wichtig für unsere Gesundheit. Studien zeigen, dass das Demenzrisiko steigt, wenn Versuchspersonen wenig Kontakte pflegen während sozial aktive Personen länger über ein gutes Gedächtnis verfügen.*

- *Hohe Dosen an Stresshormonen schädigen Nervenzellen und stören das Nervenzellwachstum.*

- *Depressionen in der Lebensmitte oder im späteren Leben erhöhen das Demenzrisiko während optimistische Personen gesünder sind und länger leben.*

- *Glück lässt sich trainieren.*

ALLE 99 RATSCHLÄGE AUS DIESEM BUCH AUF EINEN BLICK

Sie sind am Ende dieses Buches angelangt. Legen Sie das Buch nicht sofort zur Seite! Überlegen Sie sich, welche Ratschläge für Sie hilfreich waren und welche Ideen Sie vielleicht gleich umsetzen möchten. Die 99 Anti-Aging Strategien aus diesem Buch sind hier noch einmal aufgelistet. Kreuzen Sie JETZT diejenigen an, die Sie für sich mitnehmen möchten.

LITERATURVERZEICHNIS

Aaron, J. (2010). Researchers hope to quell a surge of Alzheimer's cases with new diagnostic tools. *Special to the Washington Post.* Abgerufen von http://www.washingtonpost.com/wp-dyn/content/article/2010/08/23/AR2010082302872.html

Agarwal, S., Driscoll, J. C., Gabaix, X., & Laibson, D. I. (2008). The Age of Reason: Financial Decisions over the Life-Cycle with Implications for Regulation. *SSRN Electronic Journal.* doi:10.2139/ssrn.973790

Ainsworth, B. E., Haskell, W. L., Whitt, M. C., Irwin, M. L., Swartz, A. M., Strath, S. J., O'Brien, W. L., u. a. (2000). Compendium of physical activities: an update of activity codes and MET intensities. *Medicine and science in sports and exercise, 32*(9 Suppl), 498–504.

Albert, M., & Knoefel, J. (Hrsg.). (2011). *Clinical Neurology of Aging* (3. Aufl.). Oxford University Press, USA.

Alkadhi, K. A., Srivareerat, M., & Tran, T. T. (2010). Intensification of long-term memory deficit by chronic stress and prevention by nicotine in a rat model of Alzheimer's disease. *Molecular and Cellular Neuroscience, 45*(3), 289–296. doi:10.1016/j.mcn.2010.06.018

Alzheimer's Disease International. (2009). *World Alzheimer Report 2009.* London: Alzheimer's disease International. Abgerufen von http://www.alz.co.uk/

American Cancer Society. (2012). *When smokers quit – What are the benefits over time?* Abgerufen von http://www.cancer.org/

Healthy/StayAwayfromTobacco/GuidetoQuittingSmoking/guide-to-quitting-smoking-benefits

Andrews-Hanna, J. R., Snyder, A. Z., Vincent, J. L., Lustig, C., Head, D., Raichle, M. E., & Buckner, R. L. (2007). Disruption of Large-Scale Brain Systems in Advanced Aging. *Neuron, 56*(5), 924–935. doi:10.1016/j.neuron.2007.10.038

Baker, L. D., Frank, L. L., Foster-Schubert, K., Green, P. S., Wilkinson, C. W., McTiernan, A., Plymate, S. R., u. a. (2010). Effects of aerobic exercise on mild cognitive impairment: a controlled trial. *Archives of neurology, 67*(1), 71–79. doi:10.1001/archneurol.2009.307

Ball, K., Berch, D. B., Helmers, K. F., Jobe, J. B., Leveck, M. D., Marsiske, M., Morris, J. N., u. a. (2002). Effects of cognitive training interventions with older adults: a randomized controlled trial. *JAMA: the journal of the American Medical Association, 288*(18), 2271–2281.

Barnes, D. E., Yaffe, K., Byers, A. L., McCormick, M., Schaefer, C., & Whitmer, R. A. (2012). Midlife vs Late-Life Depressive Symptoms and Risk of Dementia: Differential Effects for Alzheimer Disease and Vascular Dementia. *Archives of General Psychiatry, 69*(5), 493–498. doi:10.1001/archgenpsychiatry.2011.1481

Barnes, Deborah E, & Yaffe, K. (2011). The projected effect of risk factor reduction on Alzheimer's disease prevalence. *Lancet neurology, 10*(9), 819–828. doi:10.1016/S1474-4422(11)70072-2

Bayer-Carter, J. L., Green, P. S., Montine, T. J., VanFossen, B., Baker, L. D., Watson, G. S., Bonner, L. M., u. a. (2011). Diet intervention and cerebrospinal fluid biomarkers in amnestic mild cognitive impairment. *Archives of neurology, 68*(6), 743–752. doi:10.1001/archneurol.2011.125

Berntsen, D., & Rubin, D. C. (2002). Emotionally charged autobiographical memories across the life span: the recall of happy, sad, traumatic, and involuntary memories. *Psychology and aging, 17*(4), 636–652.

Bialystok, E., Craik, F. I. M., & Freedman, M. (2007). Bilingualism as a protection against the onset of symptoms of dementia. *Neuropsychologia, 45*(2), 459–464. doi:10.1016/j.neuropsychologia.2006.10.009

Boche, D., Denham, N., Holmes, C., & Nicoll, J. (2010). Neuropathology after active Aβ42 immunotherapy: implications for Alzheimer's disease pathogenesis. *Acta Neuropathologica, 120*(3), 369–384. doi:10.1007/s00401-010-0719-5

Braak, H., Del Tredici, K., Rüb, U., de Vos, R. A. I., Jansen Steur, E. N. H., & Braak, E. (2003). Staging of brain pathology related to sporadic Parkinson's disease. *Neurobiology of aging, 24*(2), 197–211.

Brandes, V. (2012, März 9). *Is Music Beneficial for Dementia Patients Towards Recovery?* Gehalten auf der The 6th World Congress on Controversies in Neurology, Vienna, Austria.

Brandt, R., & Hanser, H. (2003). »Jeder Mensch kann in Würde alt werden« Interview mit Prof. Ernst Pöppel. *Gehirn und Geist, 2003/3,* 35.

Braun, K. A., Ellis, R., & Loftus, E. F. (2002). Make my memory: How advertising can change our memories of the past. *Psychology and Marketing, 19*(1), 1–23. doi:10.1002/mar.1000

Brotons, M., & Koger, S. M. (2000). The impact of music therapy on language functioning in dementia. *Journal of music therapy, 37*(3), 183–195.

Budson, A. E., & Solomon, P. R. (2011). *Memory Loss: A Practical Guide for Clinicians - Expert Consult, 1e* (1 Pap/Psc.). Saunders.

Bundesinstitut für Risikobewertung. (2009). *Erhöhte Aufnahme von Fruktose ist für Diabetiker nicht empfehlenswert* (No. 041). Abgerufen von http://www.bfr.bund.de/cm/343/erhoehte_aufnahme_von_fruktose_ist_fuer_diabetiker_nicht_empfehlenswert.pdf

Cabeza, R., Anderson, N. D., Locantore, J. K., & McIntosh, A. R. (2002). Aging gracefully: compensatory brain activity in high-performing older adults. *NeuroImage, 17*(3), 1394–1402.

Cevallos, M. (2010). *For a healthy brain, work it out -- and challenge it mentally and physically.* Orlando Sentintel. Abgerufen von http://articles.orlandosentinel.com/2010-09-28/health/os-brain-training-adults-20100927_1_brain-cells-healthy-brain-senior-moments

Charles, S. T., Mather, M., & Carstensen, L. L. (2003). Aging and emotional memory: The forgettable nature of negative images for older adults. *Journal of Experimental Psychology: General, 132*(2), 310–324. doi:10.1037/0096-3445.132.2.310

Cohen, G. (1990). Why is it difficult to put names to faces? *British Journal of Psychology, 81*(3), 287–297. doi:10.1111/j.2044-8295.1990.tb02362.x

Cohen, G. D. (2006). *The Mature Mind: The Positive Power of the Aging Brain.* Basic Books.

Corder, E. H., Saunders, A. M., Risch, N. J., Strittmatter, W. J., Schmechel, D. E., Gaskell, P. C., Rimmler, J. B., u. a. (1994). Protective effect of apolipoprotein E type 2 allele for late onset Alzheimer disease. *Nature Genetics, 7*(2), 180–184. doi:10.1038/ng0694-180

Crawley, S. E., & Pring, L. (2000). When did Mrs Thatcher resign? The effects of ageing on the dating of public events. *Memory, 8*(2), 111–121. doi:10.1080/096582100387650

Crooks, V. C., Lubben, J., Petitti, D. B., Little, D., & Chiu, V. (2008). Social Network, Cognitive Function, and Dementia Incidence Among Elderly Women. *American Journal of Public Health, 98*(7), 1221–1227. doi:10.2105/AJPH.2007.115923

Dal-Bianco, P. (2009). *Therapie der Alzheimer-Demenz in der Praxis* (1., Aufl.). Uni-Med, Bremen.

Draaisma, D. (2009). *Waarom het leven sneller gaat als je ouder wordt: de geheimen van het geheugen.* Muntinga, Uitgeverij.

Dresler, C., & Leon, M. (2007). *Tobacco Control: Reversal of Risk After Quitting Smoking* (1. Aufl.). WHO.

Eisenburger, M., Gstöttner, E., & Zak, T. (2008). *In Bewegungsrunden aktivieren: Ideen und Anregungen aus der Psychomotorik.* Vincentz Network.

Erickson, K. I., Raji, C. A., Lopez, O. L., Becker, J. T., Rosano, C., Newman, A. B., Gach, H. M., u. a. (2010). Physical activity predicts gray matter volume in late adulthood The Cardiovascular Health Study. *Neurology, 75*(16), 1415–1422. doi:10.1212/WNL.0b013e3181f88359

Ertel, K. A., Glymour, M. M., & Berkman, L. F. (2008). Effects of social integration on preserving memory function in a nationally representative US elderly population. *American journal of public health, 98*(7), 1215–1220. doi:10.2105/AJPH.2007.113654

Foer, J. (2011). *Moonwalk mit Einstein: Wie aus einem vergeßlichen Mann ein Gedächtnis-Champion wurde.* Riemann Verlag.

Galvin, J. E., Roe, C. M., Powlishta, K. K., Coats, M. A., Muich, S. J., Grant, E., Miller, J. P., u. a. (2005). The AD8: a brief informant interview to detect dementia. *Neurology, 65*(4), 559–564. doi:10.1212/01.wnl.0000172958.95282.2a

Geiger, A. (2011). *Der alte König in seinem Exil* (28. Aufl.). Carl Hanser Verlag GmbH & Co. KG.

Giacobini, E. (2012, März 9). *Amyloid is a false target in AD therapy.* Gehalten auf der The 6th World Congress on Controversies in Neurology, Vienna, Austria.

Goldman, R. (1999). *Brain Fitness: Anti-Aging to Fight Alzheimer's Disease, Supercharge Your Memory, Sharpen Your Intelligence, De-Stress Your Mind, Control Mood Swings, and Much More.* Main Street Books.

Gomez Pinilla, F. (2006). The Impact of Diet and Exercise on Brain Plasticity and Disease. *Nutrition and Health, 18*(3), 277–284. doi:10.1177/026010600601800310

Green, K. N., Billings, L. M., Roozendaal, B., McGaugh, J. L., & LaFerla, F. M. (2006). Glucocorticoids Increase Amyloid-B and Tau Pathology in a Mouse Model of Alzheimer's Disease. *The Journal of Neuroscience, 26*(35), 9047–9056. doi:10.1523/JNEUROSCI.2797-06.2006

Hanna-Pladdy, B., & MacKay, A. (2011). The relation between in-strumental musical activity and cognitive aging. *Neuropsychology, 25*(3), 378–386. doi:10.1037/a0021895

Hebb, D. O. (2002). *The Organization of Behavior: A Neuropsychological Theory* (New edition.). Psychology Press.

Heller, J. (2011). *Catch 22* (Neuausgabe.). Fischer (Tb.), Frankfurt.

Heller, M. (2012, Juli 3). persönliche Mitteilung.

Hess, T. M., Auman, C., Colcombe, S. J., & Rahhal, T. A. (2003). The impact of stereotype threat on age differences in memory performance. *The journals of gerontology. Series B, Psychological sciences and social sciences, 58*(1), P3–11.

Holt-Lunstad, J., Smith, T. B., & Layton, J. B. (2010). Social Relationships and Mortality Risk: A Meta-analytic Review. *PLoS Med, 7*(7), e1000316. doi:10.1371/journal.pmed.1000316

Horstman, J., & Scientific American. (2012). *The Healthy Aging Brain: The Neuroscience of Making the Most of Your Mature Mind* (1. Aufl.). John Wiley & Sons.

Hughes, J. C. (2011). *Alzheimer's and other Dementias* (1. Aufl.). OUP Oxford.

Hüther, G. (2012). *Biologie der Angst. Wie aus Streß Gefühle werden* (11., Aufl.). Vandenhoeck & Ruprecht.

Irish, M., Cunningham, C. J., Walsh, J. B., Coakley, D., Lawlor, B. A., Robertson, I. H., & Coen, R. F. (2006). Investigating the enhancing effect of music on autobiographical memory in mild Alzheimer's disease. *Dementia and geriatric cognitive disorders, 22*(1), 108–120. doi:10.1159/000093487

Jaeggi, S. M., Buschkuehl, M., Jonides, J., & Perrig, W. J. (2008). Improving fluid intelligence with training on working memory. *Proceedings of the National Academy of Sciences, 105*(19), 6829–6833. doi:10.1073/pnas.0801268105

Jahn, A. & Zeibig. D. (2012) "Alzheimer wird uns immer begleiten". Interview mit Prof. Konrad Bayreuther. *Gehirn und Geist*, 2012/5, 67

John, A. (2004, Oktober 13). *Hirnliga - Wer wir sind.* Text. Abgerufen Juni 15, 2012, von http://www.hirnliga.de/Frueherkennung/index.html

Jolles, J. (1995). *Maastricht Aging Study: Determinants of Cognitive Aging.* Neuropsych Publishers.

Koch, R. (2008). *Das 80/20 Prinzip: Mehr Erfolg mit weniger Aufwand* (3. Aufl.). Campus Verlag.

Kramer, A. F., Hahn, S., Cohen, N. J., Banich, M. T., McAuley, E., Harrison, C. R., Chason, J., u. a. (1999). Ageing, fitness and neurocognitive function. *Nature, 400*(6743), 418–419. doi:10.1038/22682

Kuhl, B. A., Dudukovic, N. M., Kahn, I., & Wagner, A. D. (2007). Decreased demands on cognitive control reveal the neural processing benefits of forgetting. *Nature neuroscience, 10*(7), 908–914. doi:10.1038/nn1918

Lautenschlager, N. T., Cupples, L. A., Rao, V. S., Auerbach, S. A., Becker, R., Burke, J., Chui, H., u. a. (1996). Risk of dementia among relatives of Alzheimer's disease patients in the MIRAGE study: What is in store for the oldest old? *Neurology, 46*(3), 641–650.

Loftus, E. F. (1996). Memory Distortion and False Memory Creation. *Journal of the American Academy of Psychiatry and the Law Online, 24*(3), 281–295.

Loftus, E. F. (2004). Memories of Things Unseen. *Current Directions in Psychological Science, 13*(4), 145–147. doi:10.1111/j.0963-7214.2004.00294.x

Lupien, S. J., Fiocco, A., Wan, N., Maheu, F., Lord, C., Schramek, T., & Tu, M. T. (2005). Stress hormones and human memory function across the lifespan. *Psychoneuroendocrinology, 30*(3), 225–242. doi:10.1016/j.psyneuen.2004.08.003

Luria, A. R. (2004). *The Mind of a Mnemonist: A Little Book about a Vast Memory.*

Mather, M., & Carstensen, L. L. (2005). Aging and motivated cognition: the positivity effect in attention and memory. *Trends in Cognitive Sciences, 9*(10), 496–502. doi:10.1016/j.tics.2005.08.005

Mergler, N. L., & Goldstein, M. D. (1983). Why Are There Old People? Senescence as Biological and Cultural Preparedness for the Transmission of Information. *Human Development, 26*(2), 72–90.

MetLife Foundation. (2011). *What America Thinks. MetLife Foundation Alzheimer's Survey.*

Miller, E. R., 3rd, Pastor-Barriuso, R., Dalal, D., Riemersma, R. A., Appel, L. J., & Guallar, E. (2005). Meta-analysis: high-dosage vitamin E supplementation may increase all-cause mortality. *Annals of internal medicine, 142*(1), 37–46.

Miller, G. A. (1956). The magical number seven plus or minus two: some limits on our capacity for processing information. *Psychological review, 63*(2), 81–97.

Naish, J. (2012). *A guide to memory.* IOL Lifestyle. Abgerufen von http://www.iol.co.za/lifestyle/a-guide-to-memory-1.1212924#.T-LTFoLfOt8

Oswald, W. D., Hagen, B., Rupprecht, R., Gunzelmann, T., & Steinwachs, K. C. (2002). Bedingungen der Erhaltung und Förderung von Selbstständigkeit im höheren Lebensalter (SIMA). *Zeitschrift für Gerontopsychologie & -psychiatrie, 15*(2), 61–84. doi:10.1024//1011-6877.15.2.61

Ott, A., Stolk, R. P., Van Harskamp, F., Pols, H. a. P., Hofman, A., & Breteler, M. M. B. (1999). Diabetes Mellitus and the Risk of Dementia The Rotterdam Study. *Neurology, 53*(9), 1937–1937. doi:10.1212/WNL.53.9.1937

Ott, E. (2012, Februar 9). *Can nutrients modify the synapse loss and cognitive impairments of neurodegenerative diseases?* Gehalten auf der The 6th World Congress on Controversies in Neurology (CONy), Vienna, Austria.

Owen, A. M., Hampshire, A., Grahn, J. A., Stenton, R., Dajani, S., Burns, A. S., Howard, R. J., u. a. (2010). Putting brain training to the test. *Nature, 465*(7299), 775–778. doi:10.1038/nature09042

Parrott, M. D., & Greenwood, C. E. (2007). Dietary influences on cognitive function with aging: from high-fat diets to healthful eating. *Annals of the New York Academy of Sciences, 1114*, 389–397. doi:10.1196/annals.1396.028

Radvansky, G., Tamplin, A., & Krawietz, S. (2010). Walking through doorways causes forgetting: Environmental integration. *Psychonomic Bulletin & Review, 17*(6), 900–904. doi:10.3758/PBR.17.6.900

Reuter-Lorenz, P. A., & Lustig, C. (2005). Brain aging: reorganizing discoveries about the aging mind. *Current opinion in neurobiology, 15*(2), 245–251. doi:10.1016/j.conb.2005.03.016

Ribot, T. A. (2010). *La Psychologie Anglaise Contemporaine.* Nabu Press.

Rubin, D. C., & Schulkind, M. D. (1997). Distribution of important and word-cued autobiographical memories in 20-, 35-, and 70-year-old adults. *Psychology and aging, 12*(3), 524–535.

Salthouse, T. (2010). *Major Issues in Cognitive Aging* (1. Aufl.). Oxford University Press, USA.

Salthouse, T. A. (2003). Memory aging from 18 to 80. *Alzheimer disease and associated disorders, 17*(3), 162–167.

Samet, J. M. (1990). The 1990 Report of the Surgeon General: The Health Benefits of Smoking Cessation. *The American review of respiratory disease, 142*(5), 993–994.

Saslow, R. (2010). *Memory lapses are common and increase with age; when do they signal Alzheimer's?* The Washington Post. Abgerufen von http://www.washingtonpost.com/wp-dyn/content/article/2010/02/08/AR2010020802468.html

Saunders, J. B., Aasland, O. G., Babor, T. F., de la Fuente, J. R., & Grant, M. (1993). Development of the Alcohol Use Disorders Identification Test (AUDIT): WHO Collaborative Project on Early Detection of Persons with Harmful Alcohol Consumption--II. *Addiction (Abingdon, England), 88*(6), 791–804.

Scarmeas, N., & Stern, Y. (2003). Cognitive Reserve and Lifestyle. *Journal of Clinical and Experimental Neuropsychology, 25*(5), 625–633. doi:10.1076/jcen.25.5.625.14576

Schloffer, H., Prang, E., & Frick, A. (2009). *Gedächtnistraining: Theoretische und praktische Grundlagen* (1. Aufl.). Springer Berlin Heidelberg.

Schmitz, M. (2011). *Gedächtnis ohne Lücken: Alzheimervorsorge: Hirnfutter gegen Vergesslichkeit* (1. Aufl.). Orac.

Schweitzer, P., & Bruce, E. (2008). *Remembering Yesterday, Caring Today: Reminiscence in Dementia Care: A Guide to Good Practice* (1. Aufl.). Jessica Kingsley Publishers.

Shakespeare, W. (1986). *King Lear / König Lear.* Philipp Reclam jun.

Sinnott, J. M., Gonzales, C. L., Masood, A. F., & Ishihara, T. (2007). Training humans in non-native phoneme perception using a monkey psychoacoustic procedure. *The Journal of the Acoustical Society of America, 121*(6), 3846–3857. doi:10.1121/1.2722236

Smolka, H.-M. (2011). *Mein Glücks-Trainings-Buch.* Knaur HC.

Snowdon, D. (2002). *Aging with Grace: The Nun Study and the Science of Old Age - How We Can All Live Longer, Healthier and More Vital Lives* (New Ed.). Fourth Estate Ltd.

Spiru, L. (2012, März 9). *Does early diagnosis add real value for th patients with neurodegenerative diseases?* Gehalten auf der 6th World Congress on Controversies in Neurology, Vienna, Austria.

Stegemann, T. (2012, März 9). *Is music beneficial for dementia patients towards recovery?* Vienna, Austria.

Stern, Y., Gurland, B., Tatemichi, T. K., Tang, M. X., Wilder, D., & Mayeux, R. (1994). Influence of Education and Occupation on the Incidence of Alzheimer's Disease. *JAMA: The Journal of the American Medical Association, 271*(13), 1004–1010. doi:10.1001/jama.1994.03510370056032

Stone, A. A., Schwartz, J. E., Broderick, J. E., & Deaton, A. (2010). A snapshot of the age distribution of psychological well-being in the United States. *Proceedings of the National Academy of Sciences, 107*(22), 9985–9990. doi:10.1073/pnas.1003744107

Strätling, U. (2011). *Als die Kaffeemühle streikte: Geschichten zum Vorlesen für Demenzkranke* (4., Aufl.). Brunnen-Verlag, Gießen.

Strauch, B. (2010). *The Secret Life of the Grown-up Brain: The Surprising Talents of the Middle-Aged Mind* (1. Aufl.). Viking Adult.

Strittmatter, W. J., & Roses, A. D. (1995). Apolipoprotein E and Alzheimer Disease. *Proceedings of the National Academy of Sciences, 92*(11), 4725–4727.

Surgeon General. (1988). *Health Consequences of Smoking: Nicotine Addiction a Report of the Surgeon General.* DIANE Publishing.

Surgeon General. (2010). *How Tobacco Smoke Causes Disease: The Biology and Behavioral Basis for Smoking-Attributable Disease: A Report of the Surgeon General.* Publications and Reports of the

Surgeon General. Atlanta (GA): Centers for Disease Control and Prevention (US).

Taylor, J. L., Kennedy, Q., Noda, A., & Yesavage, J. A. (2007). Pilot age and expertise predict flight simulator performance A 3-year longitudinal study. *Neurology, 68*(9), 648–654. doi:10.1212/01. wnl.0000255943.10045.c0

Taylor, R. (2011). *Alzheimer und Ich: «Leben mit Dr. Alzheimer im Kopf»* (3., ergänzte Aufl.). Huber, Bern.

Turecek, K. (2009a). *1-Min-Gehirntrainer* (1. Aufl.). Krenn.

Turecek, K. (2009b). *clever lernen - Sprachen: Erfolgreich Sprachen lernen für Beruf und Alltag* (1., Aufl.). Krenn.

Valentijn, S. A. M., van Boxtel, M. P. J., van Hooren, S. A. H., Bosma, H., Beckers, H. J. M., Ponds, R. W. H. M., & Jolles, J. (2005). Change in sensory functioning predicts change in cognitive functioning: results from a 6-year follow-up in the maastricht aging study. *Journal of the American Geriatrics Society, 53*(3), 374–380. doi:10.1111/j.1532-5415.2005.53152.x

van Boxtel, M. P., van Beijsterveldt, C. E., Houx, P. J., Anteunis, L. J., Metsemakers, J. F., & Jolles, J. (2000). Mild hearing impairment can reduce verbal memory performance in a healthy adult population. *Journal of clinical and experimental neuropsychology, 22*(1), 147–154. doi:10.1076/1380-3395(200002)22:1;1-8;FT147

Wagner, U., Gais, S., Haider, H., Verleger, R., & Born, J. (2004). Sleep inspires insight. *Nature, 427*(6972), 352–355. doi:10.1038/nature02223

Whitmer, R. A. (2005). Obesity in middle age and future risk of dementia: a 27 year longitudinal population based study. *BMJ, 330*(7504), 1360–0. doi:10.1136/bmj.38446.466238.E0

WHO. (2001). *Health and Aging: A Discussion Paper* (No. WHO/NMH/HPS/01.1). Abgerufen von http://whqlibdoc.who.int/hq/2001/WHO_NMH_HPS_01.1.pdf

Wilson, R. S. (2002). Participation in Cognitively Stimulating Activities and Risk of Incident Alzheimer Disease. *JAMA: The Journal of the American Medical Association, 287*(6), 742–748. doi:10.1001/jama.287.6.742

Wilson, R. S., Evans, D. A., Bienias, J. L., Leon, C. F. M. de, Schneider, J. A., & Bennett, D. A. (2003). Proneness to psychological distress is associated with risk of Alzheimer's disease. *Neurology, 61*(11), 1479–1485. doi:10.1212/01.WNL.0000096167.56734.59

Wilson, R. S., Schneider, J. A., Boyle, P. A., Arnold, S. E., Tang, Y., & Bennett, D. A. (2007). Chronic Distress and Incidence of Mild Cognitive Impairment. *Neurology, 68*(24), 2085–2092. doi:10.1212/01.wnl.0000264930.97061.82

Wollen, K. A. (2010). Alzheimer's disease: the pros and cons of pharmaceutical, nutritional, botanical, and stimulatory therapies, with a discussion of treatment strategies from the perspective of patients and practitioners. *Alternative medicine review: a journal of clinical therapeutic, 15*(3), 223–244.

EMPFEHLUNGEN

Dr. Katharina Turecek, MSc.

Die 99 besten Lerntipps

Einfache und praxisnahe Übungen, die Schwung in den (Schul)Lernalltag bringen.

128 Seiten, gebunden

ISBN 978-3-99005-071-2, € 9,95

Dr. Katharina Turecek, MSc.

1-Min-Gehirntrainer

Die Merkleistung verbessert sich bereits durch 60 Sekunden tägliches Training. Besonders geeignet für Senioren.

128 Seiten, gebunden

ISBN 978-3-99005-024-8, € 9,95

Dr. Katharina Turecek, MSc., Mag. Birgit Peterson

Handbuch Studium

Effiziente Verarbeitungsstrategien auf Hochschulniveau ermöglichen ein erfolgreiches Studium, von Beginn bis zum Abschluss.

264 Seiten, broschiert

ISBN 978-3-99005-033-0, € 19,95

Dr. Katharina Turecek, MSc., Mag. Birgit Peterson

Kleines Handbuch Studium

99 Ratschläge zur Bewältigung typischer Problemsituationen während des Studiums.

128 Seiten, broschiert

ISBN 978-3-99005-034-7, € 9,95

„WIE LERNE ICH?", ...

... ist eine Frage, die in vielen Lebensbereichen über Erfolg oder Misserfolg entscheidet. Das Buch „Mein Lernprofil" und der Lerntypentest helfen dabei, die Stärken und Schwächen in grundlegenden Lernbereichen zu erkennen. Erst wenn man wirklich weiß, wie man lernt, kann man sich verbessern und den Erfolg vergrößern.

Katharina Turecek
Erfolgreich mit dem Lernprofil
ISBN 978-3-99005-111-5
€ 19,90 (A/D), CHF 35,40